Wissenschaftliche Taschenbücher WTB

Mathematik · Physik

Norbert Sieber

Hans-Peter Leidhold

Einführung in die Datenverarbeitung

Akademie-Verlag · Berlin

WTB Wissenschaftliche Taschenbücher

Zuletzt erschienene Bände:

JOACHIM AUTH / DIETMAR GENZOW
KLAUS H. HERRMANN
Photoelektrische Erscheinungen

K. CH. DELOKAROV
Relativitätstheorie und Materialismus

GERHARD GEISELER / HEINZ SEIDEL
Die Wasserstoffbrückenbindung

W. S. LETOCHOW
Laserspektroskopie

HANS LUPPA
Grundlagen der Histochemie
Teil I und II

HORST REMANE / RAINER HERZSCHUH
Massenspektrometrie in der organischen Chemie

E. M. SAWIZKI
Perspektiven der Metallforschung

Die Schöpfer der physikalischen Optik
Eine Artikelsammlung

VOLKMAR SCHURICHT
Kernexplosionen für friedliche Zwecke

MICHAEL THEILE
SIEGFRIED SCHERNECK
Zellgenetik

GERHARD WUNSCH
Zellulare Systeme

Vorschau auf die nächsten Bände:

JOACHIM BELLACH / PETER FRANKEN
ELKE WARMUTH / WALTER WARMUTH
Maß, Integral und bedingter Erwartungswert

GOTTFRIED FRITZSCHE
Netzwerke
Band 1: Grundlagen und Entwurf passiver Analogzweigpole

EDUARD HERLT / NIKOLAUS SALIÉ
Spezielle Relativitätstheorie

LOTHAR JÄGER
Grundlagen der klinischen Immunologie

WOLFGANG MEILING
Digitalrechner in der elektronischen Meßtechnik
Teil I – Meßmethodik
Teil II – Gerätetechnik und Anwendungen

PETER PAUFLER
GUSTAV E. R. SCHULZE
Physikalische Grundlagen mechanischer Festkörpereigenschaften
Teil I und II

ALBRECHT ROST
Messung dielektrischer Stoffeigenschaften

J. V. SAČKOV
Wahrscheinlichkeit und Struktur

HANS-GEORG SCHÖPF
Von Kirchhoff bis Planck
Theorie der Wärmestrahlung in historisch-kritischer Darstellung

RENATE WAHSNER
Mensch und Kosmos – Die copernicanische Wende

WTB

BAND 157

Norbert Sieber / Hans-Peter Leidhold

Einführung in die Datenverarbeitung

Mit 32 Abbildungen und 4 Tabellen

AKADEMIE-VERLAG · BERLIN

Reihe MATHEMATIK UND PHYSIK

Herausgeber:
Prof. Dr. phil. habil. W. Holzmüller, Leipzig
Prof. Dr. phil. habil. A. Lösche, Leipzig
Prof. Dr. phil. habil. H. Reichardt, Berlin
Prof. Dr. phil. habil. K. Schröder, Berlin
Prof. Dr. rer. nat. habil. H.-J. Treder, Potsdam

Verfasser:

Prof. Dr. rer. nat. Norbert Sieber
Technische Hochschule Leipzig

Dipl.-Math. Hans-Peter Leidhold
Technische Hochschule Leipzig

1978
Erschienen im Akademie-Verlag, 108 Berlin, Leipziger Str. 3—4

Lizenznummer: 202 · 100/427/78
Herstellung: VEB Druckhaus „Maxim Gorki“, 74 Altenburg
Bestellnummer: 762 025 8 (7157) · LSV 1084
Printed in GDR
DDR 12,50 M

Vorwort

Die Anwendung der Datenverarbeitung (DV) hat in den letzten Jahren eine stürmische Entwicklung erfahren. Die ersten elektronischen Rechenautomaten wurden noch vorwiegend zur Lösung wissenschaftlich-technischer Aufgaben, die sich durch Rechenintensivität auszeichnen, eingesetzt. Durch den Ausbau der Gerätetechnik und der programmtechnischen Basis hat sich der Einsatz der DV in zunehmendem Maße auf viele Bereiche der Wirtschaft und Industrie, der Wissenschaft und Technik, im Transport- und Nachrichtenwesen sowie im Gesundheitswesen ausgedehnt. Dabei trägt ihre Nutzung maßgeblich zur Rationalisierung der Leitung und Planung, von Produktions- und Transportprozessen, von Forschungs- und Entwicklungsarbeiten sowie bei der technischen und technologischen Produktionsvorbereitung bei. Besonders wirksam wird die DV-Anwendung überall dort, wo es gelingt, eine Senkung des Zeitaufwandes für geistige Routinearbeiten zugunsten schöpferischer Tätigkeiten zu erreichen.

Dieses Buch ist als eine Einführung in die Grundlagen der Datenverarbeitung gedacht, wobei Anwendungen und neuere Entwicklungen einbezogen werden. Im Rahmen des verfügbaren Umfangs konnten nur die wichtigsten Aspekte des Gebietes behandelt werden. Die Stoffauswahl wurde dabei so getroffen, daß ein breiter Leserkreis — insbesondere auch Studenten der Hoch- und Fachschulen — angesprochen wird.

Die Teilgebiete der DV haben ihren Ursprung in verschiedenen Wissenschaften bzw. deren Disziplinen (Mathematik, Physik, formale Logik, Informationstheorie,

Elektronik u. a.). So müssen in einer Beschreibung derselben recht unterschiedliche Stoffgebiete behandelt werden. Das bewirkt, daß in früheren Abschnitten Begriffe vorweggenommen werden, die erst später ausführlicher behandelt werden. Auch werden manche Probleme unter verschiedenen Gesichtspunkten mehrfach angesprochen.

Im ersten Abschnitt werden Bemerkungen zur geschichtlichen Entwicklung und zum Gegenstand der DV gemacht, wobei dies zur Einführung einiger Begriffe genutzt wird. Der Abschnitt über mathematische und logisch-technische Grundlagen enthält keine komplizierten mathematischen Theorien oder technischen Konstruktionen. Es werden im wesentlichen Zahlensysteme und verschiedene Verschlüsselungen von Zeichenfolgen beschrieben, mit denen Rechenanlagen arbeiten. Die logisch-technischen Grundlagen sollen zum Verständnis der Funktionen der Grundbauelemente von DV-Anlagen beitragen, wobei die verwendeten Regeln der mathematischen Logik anschaulich dargestellt werden.

Aufbau und Arbeitsweise der DV-Anlagen werden im dritten Abschnitt beschrieben. Dabei werden die Eigenschaften der Modelle der 2. und 3. Generation zugrunde gelegt. Zum besseren Verständnis der Arbeitsweise wird die Steuereinheit im Zusammenhang mit dem Befehl und seiner Abarbeitung erläutert.

Im vierten Abschnitt wird eine Übersicht der wichtigsten Systemunterlagen gegeben. Dabei werden Betriebssysteme, Jobverarbeitung und Dateiaufbau als allgemeine Unterlagen behandelt. Außerdem wird auf eine Reihe spezieller, zum Teil erst in den letzten Jahren geschaffener Systemunterlagen eingegangen.

Die Programmierung wird im fünften Abschnitt übersichtsmäßig dargestellt. Am Anfang steht die ausführliche Behandlung von Programmablaufplänen, einem wesentlichen Hilfsmittel zur rechentechnischen Aufbereitung der zu bearbeitenden Probleme. Es folgen Bemerkungen zu maschinen- und problemorientierten

Programmiersprachen sowie zur Methodologie der Programmierung.

Ausführlich wird im sechsten Abschnitt die Programmiersprache FORTRAN dargelegt. Für die Wahl von FORTRAN waren die große Verbreitung, die Implementationen in ESER und der nicht zu große Sprachumfang maßgebend. Damit ist die praktische Anwendbarkeit des Stoffes gegeben. Zur Straffung der Darstellung wird die Syntax formal mit Hilfe einer erweiterten BACKUSschen Normalform dargestellt.

Der Stoff enthält zahlreiche Beispiele und komplette Programme, die zum aktiven Gebrauch von FORTRAN anregen sollen. Es wird ein Subset — etwa im Umfang von Basis-FORTRAN — der ESER-Version FORTRAN im DOS dargestellt.

Der Abschnitt 7 dient der Herausarbeitung einiger wichtiger theoretischer Begriffe in Verbindung mit Programmiersprachen, wie formale Sprache, Syntax, Semantik, Regelsystem, generative Grammatik. Hinzu kommen Bemerkungen zur Syntaxdarstellung und Syntaxerkennung.

Die Autoren hoffen, dem Leser einen solchen Überblick über das recht umfangreiche Gebiet der DV gegeben zu haben, daß dieser zum Studium der Spezialliteratur befähigt wird. Herrn Dr. M. GRABOW sind wir für seine Anregungen und Hinweise zu besonderem Dank verpflichtet.

Leipzig, im Januar 1977 Die Verfasser

Inhaltsverzeichnis

1. Entwicklung und Gegenstand der Datenverarbeitung

1.1. Überblick zur historischen Entwicklung

Anhand der Darlegung der geschichtlichen Entwicklung von Rechenhilfsmitteln ist es möglich, einige prinzipielle Gedanken und Begriffsbildungen zu diesem Problemkreis zu nennen. Die Beschäftigung mit Anzahlen oder mit dem Zählen bildet die Vorstufe für das Rechnen. Im Altertum wurden von Menschen zunächst die Finger, später auf Drähte gereihte Perlen oder Rechenbretter als erste Rechenhilfsmittel genutzt. Eine wesentliche Grundlage für das praktische Rechnen bildeten das Römische sowie das Hindu-Arabische Zahlensystem. Die Überlegenheit des letzteren beruht auf der Einführung der zehn Ziffern 0 bis 9 und dem Stellenwertprinzip.

Im 17. Jahrhundert wurden von SCHICKARD (1623), PASCAL (1641) und LEIBNIZ (1673) mechanische Rechenmaschinen zur Ausführung der Grundrechenarten entwickelt, die als Vorläufer der heutigen Vierspeziesrechner gelten können.

Etwas grundsätzlich Neues brachte die Idee der *Programmsteuerung* des englischen Mathematikers CHARLES BABBAGE (1835). Nach dem Vorbild des JAQUARD-Webstuhles, bei dem Kartenblätter mit eingestanzten Löchern die Steuerung des Webvorganges besorgen, wollte BABBAGE in seiner Maschine den Ablauf der einzelnen Rechenoperationen nach einem vorher festzulegenden Programm erreichen. Damit war der programmgesteuerte Rechenautomat erfunden, er konnte aber wegen der damaligen technischen Situation nicht realisiert werden. Die nächste Stufe der Entwicklung bilden die Lochkartenmaschinen von HOLLERITH (1889), der das Lochkartenverfahren zur Auswertung von umfangreichem statistischem Material bei Volkszählungen in den USA entwickelte.

Für die modernen Rechenautomaten ist charakteristisch, daß sie den Rechen- und Steuerungsprozeß vereinigen. Neben der rechnenden Tätigkeit leisten sie auch automatisch die Dateneingabe, die Programmsteuerung, eine umfangreiche Speicherung und die Ausgabe von Ergebnissen.

Etwa 100 Jahre nach Babbage wurden dessen Gedanken wieder aufgegriffen. In den USA entwickelte Aiken von 1936 bis 1944 den ersten programmgesteuerten Relaisrechner „Mark I". Elektronenröhren wurden erstmals beim Bau des „ENIAC" (1943 bis 1946) an der Universität Pennsylvanien verwendet. Der Mathematiker J. v. Neumann entwickelte 1946 die wichtigen Grundprinzipien einer Rechenanlage: das Programm ist eine Kette logischer Binär-Entscheidungen und wird wie die Daten gespeichert. Ferner führte er den bedingten Befehl für Programmverzweigungen ein.

In Berlin entwickelte seit 1935 — damals unter schwierigen Bedingungen — der Bauingenieur Konrad Zuse ebenfalls einen programmgesteuerten Relaisrechner, um sich bei aufwendigen baustatischen Berechnungen Erleichterung zu verschaffen. Der Rechner „Z 4" wurde im März 1945 in Göttingen erprobt.

In der Sowjetunion gelten die Konstruktionen der „BESM" von Lebedew (1953), der „Strela" von Basilewski und der „Ural" von Ramejew als erste Entwicklungen, für die die serienmäßige Produktion später durchgeführt wurde.

In der DDR wurde 1955 die „Oprema" beim VEB Carl Zeiss Jena entwickelt und in zwei Exemplaren aufgestellt. Danach erfolgte dort die Konstruktion des „ZRA 1" (Zeiss-Rechenautomat), der von 1960 bis 1964 in 30 Exemplaren ausgeliefert wurde. Diese Automaten trugen wesentlich dazu bei, die rechentechnischen Kapazitäten in unserem Lande zu entwickeln.

Die mittlere Datenverarbeitungsanlage (DVA) ROBOTRON 300 (R 300) des VEB Kombinat Robotron ist seit 1967 im Einsatz. Mehr als 300 DVA dieses Typs bilden eine entscheidende Komponente der gerätetechnischen Basis für die enormen Fortschritte, die in der DDR bei der Anwendung der DV erreicht wurden. Seit 1973 kommen nunmehr Anlagen des *Einheitlichen Systems Elektronischer Rechentechnik* (ESER) zum Einsatz, die nach einem 1969 gemeinsam beschlossenen Programm in Gemeinschaftsarbeit sozialistischer Staaten unter maßgeblicher Beteiligung der UdSSR entwickelt wurden und arbeitsteilig produziert werden. Mehr als die Hälfte der Leistungen von installierten DVA in der DDR wird heute bereits durch die ESER-Technik erbracht.

Zur Charakterisierung von wesentlichen Merkmalen der Anlagenentwicklung nimmt man den Begriff der *Generation* zu Hilfe.

Zur 1. Generation werden die Anlagen ab Erscheinungsjahr 1951 gerechnet. Typische Vertreter waren Univac 1 (1951), IBM 650 (1955), Z 22/23 (1958), Ural 1/2 (1959), ZRA 1 (1960). Die Grundlage der Bauelemente bildeten Röhren, wobei ein Schaltelement einen Raumbedarf von 10 bis 100 cm³ hatte. Die Operationsgeschwindigkeit lag im Bereich von Millisekunden (ms). Als Speicher wurden Magnettrommeln verwendet.

Die Anlagenkonfiguration war fest vorgegeben. Die Programmierung erfolgte hauptsächlich in der Maschinensprache und war aufwendig. Diese Anlagen wurden vorwiegend als Rechner für wissenschaftlich-technische Aufgaben eingesetzt.

Die 2. Generation beginnt etwa 1959 mit der 1400-Serie von IBM. Zu dieser Generation gehören auch die Anlagen R 300, BESM 4/6, Minsk 22/32, Ural 11/14 und Odra 1204. Bauelemente bilden Halbleiterdioden und Transistoren mit gedruckten Schaltungen auf austauschbaren Leiterplatten. Ein Schaltelement benötigt 1 bis 10 cm³. Die Operationsgeschwindigkeit liegt im Bereich von Mikrosekunden (µs). Als Hauptspeicher werden durchweg Ferritkernspeicher verwendet, als Zusatzspeicher treten Magnetbänder, -trommeln und -platten auf. Die Anlagenkonfiguration besteht in der Regel aus einer Zentraleinheit mit verschiedenen peripheren Zusatzspeichern sowie unterschiedlichen Ein- und Ausgabegeräten.

Ferner bringen maschinenorientierte Programmiersprachen (Assemblersprachen, Autocodes), problemorientierte Programmiersprachen und die aufkommenden Betriebssysteme Erleichterungen im Umgang mit den Automaten. Die Einsatzgebiete sind komplexer Natur.

Anlagen der 3. Generation sind seit 1964 im Einsatz und wurden erstmals im Zusammenhang mit der 360-Serie von IBM genannt. Zu dieser Generation gehören die bislang entwickelten und hergestellten Anlagen des ESER.

Als neue Bauelemente werden Festkörperschaltkreise eingeführt, wobei 10 bis 1000 Schaltelemente je cm^3 untergebracht sind. Die Operationsgeschwindigkeit liegt im Bereich von Nanosekunden (ns). Neben den Ferritkernspeichern werden Dünnschichtspeicher verwendet. Als periphere Großraumspeicher kommen insbesondere Magnetplatten und -trommeln hinzu. Die Anlagenkonfiguration besteht aus Systemfamilien mit verschiedenen universellen Zentraleinheiten und flexiblen Peripherien. In solchen Familien herrscht Programmkompatibilität, d. h., die Programme der kleineren Modelle können auch auf den größeren Modellen verwendet werden. Die Betriebssysteme zur Steuerung des Anlagenablaufs werden sehr leistungsfähig, die Anwendung von Programmiersprachen wird in starkem Maße erweitert. Die Programmabarbeitung kann im Multiprogrammbetrieb erfolgen. Der Einsatz gestattet die Durchführung großer integrierter Datenverarbeitungsprojekte.

In der letzten Zeit sind weitere enorme Fortschritte mittels einer hochintegrierten Schaltungstechnik (large scale integration) erreicht worden. Die neuentstandenen Systeme rechnet man zu einer Entwicklungsstufe, die als modifizierte 3. Generation bezeichnet wird.

Neben der Nutzung dieser universellen digitalen DVA werden für spezielle Aufgaben *Prozeß-*, *Analog-* oder *Hybridrechner* eingesetzt. Auch tragen verschiedene Typen von Kleinrechnern für wissenschaftlich-technische und ökonomische Aufgaben kleinen Umfanges zur DV-Anwendung bei (z. B. aus der DDR-Produktion Cellatron 8205 Z).

Für die nächsten Jahre werden die zum *System der Kleinrechner* (SKR) zählenden Anlagen KRS 4200/4201 die dominierende Rolle spielen. Sie verkörpern technisch den Stand der 3. Generation, so daß sie auch mit ESER-

Rechnern gekoppelt zur Steuerung in Terminalsystemen wirksam werden können.

Besondere Bedeutung gewannen die in den letzten Jahren entwickelten *Mikroprozessoren* und *-rechner*. *Mikroprozessoren* bieten als Bauelemente eine Reihe von Vorteilen wie die Verringerung der Gerätekosten und des Raumbedarfs, Verkürzung der Entwicklungszeiten, Erhöhung der Zuverlässigkeit. Die Mikrorechentechnik wird in Zukunft sowohl die Architektur als auch die Anwendung bisheriger Systeme wesentlich beeinflussen. Insbesondere ist ihr Einsatzbereich in der Klein- und Prozeßrechentechnik sowie bei der Steuerung weiterer spezieller Prozesse zu sehen.

1.2. Gegenstand der Datenverarbeitung

Die *Datenverarbeitung* (DV) ist ein sehr junges Gebiet und eng verbunden mit der Entwicklung *programmgesteuerter Datenverarbeitungsanlagen* (DVA). Da wesentliche Bestandteile dieser Geräte aus elektronischen Bauelementen zusammengesetzt werden, bezeichnet man sie auch als *elektronische Datenverarbeitungsanlagen* (EDVA) und spricht von *elektronischer Datenverarbeitung* (EDV).

Zur Beschreibung der Merkmale von Objekten (Personen, Gegenstände, Zustände bei Prozessen) werden *Daten* verwendet. Diese Daten sind Zeichenfolgen — meistens Zahlen —, die eine Information tragen. Beispiele sind: Alter einer Person, Leistung eines Kraftfahrzeuges, Temperatur eines Raumes, Verfasser eines Buches. Mehrere derartige Daten werden zu Datensätzen zusammengefaßt, wenn es die Beschreibung des Objektes erfordert. So kann eine Person durch ihr Alter, ihre Körpergröße, ihre Augenfarbe u. a., ein Kraftfahrzeug durch seine Leistung, das Baujahr, den Hubraum seines Motors u. a., das Klima in einem Raum durch die Temperatur, die Luftfeuchtigkeit, die Intensität der Sonneneinstrahlung u. a., ein Buch durch seinen Verfasser, den Titel, das Erscheinungsjahr, den Umfang u. a. beschrieben werden. Folgen von Datensätzen gleichartiger Struktur nennt man *Datei*. Sie entsprechen einer Kartei (Personal-, Kraftfahrzeug-, Bibliothekskartei) (s. auch Abschn. 4.3.2.).

Als Gegenstand der Datenverarbeitung kann die Verarbeitung von Folgen von Datensätzen bezeichnet werden. Unter Verarbeiten werden solche Vorgänge wie Sortieren, Mischen, Anordnen, Berechnen, Auswählen und Kombinationen davon verstanden. Es werden durch verschiedene Verknüpfungsvorgänge (arithmetische und logische) und Zuweisungen aus den alten Daten neue gewonnen. Häufig wird es sich um eine große Menge von zu verarbeitenden Datensätzen gleichartiger Struktur handeln.

Man unterscheidet zwischen direkter DV (*on-line-Betrieb*) und indirekter DV (*off-line-Betrieb*), je nachdem ob der *Datenverarbeitungsprozeß* durchgängig oder unter Einbeziehung von Zwischendatenträgern erfolgt.

Eine *Datenverarbeitungsanlage* ist ein physikalisches System, um Aufgaben der Datenverarbeitung zu lösen.

Zur Durchführung eines *Datenverarbeitungsprozesses* ist neben der Anlage ein System von Programmen (*Systemunterlagen*) erforderlich. Geräte- und Programmsysteme für die Ausführung von Datenverarbeitungsprozessen bilden *Datenverarbeitungssysteme* (DVS).

Neuerdings haben sich auch die etwas allgemeineren Begriffe *Informationsverarbeitungsprozesse, -anlage, -systeme* (IVS) oder *Automatisierte Informationsverarbeitung* (AIV) eingebürgert. Damit wird berücksichtigt, daß Daten in bestimmter Weise verabredete Träger von Informationen – einschließlich Steuerinformationen – sind und jeder Datenverarbeitungsprozeß in diesem Sinne ein Informationsverarbeitungsprozeß ist.

Die vorwiegend theoretischen Disziplinen der Informationsverarbeitung werden in den westeuropäischen

Ländern unter dem Begriff *Informatik* zusammengefaßt.

Im angelsächsischen Sprachgebrauch ist der Begriff *Computer science* üblich.

2. Mathematische und logisch-technische Grundlagen

Zum Verständnis der technischen Realisierung und der Verarbeitung von Informationen (Zahlen, Befehle, Texte) in der Rechenanlage sowie spezieller Probleme der Programmierung sollen einige mathematische und logische Begriffe bereitgestellt werden. Dabei wird ein Überblick über den zweckmäßigen Aufbau der Informationen und über die wichtigsten Regeln und Gesetze, die bei ihrer Verarbeitung auftreten, gegeben. Zunächst interessiert die Darstellung von Zahlen und ihre Verschlüsselung. Zahlen werden in der Anlage durch Folgen von binären Zeichen (Bit) dargestellt, die nur zwei Werte annehmen können.

2.1. Zahlensysteme

Zahlensysteme dienen zur Darstellung von Zahlen. Das im Alltag gebräuchlichste Zahlensystem ist das Dezimalsystem, bei dem die Zahlen durch Folgen der zehn Ziffern 0, 1, 2, 3, 4, 5, 6, 7, 8, 9 beschrieben werden. Die Stellung der Ziffer innerhalb der Zahl entspricht einer Potenz von 10 (Stellenwert) und läßt deshalb Rückschlüsse über den Wert der Zahl zu. Wesentlich umständlicher zu handhaben ist beispielsweise das Römische Zahlensystem.

Im *Dezimalsystem* bedeutet die Aneinanderreihung der Ziffern c_i in

$$z = c_N c_{N-1} \cdots c_1 c_0 c_{-1} \cdots c_{-M}$$

weiter nichts als die Darstellung der Zahl z in der Form

$$z = c_N \cdot 10^N + c_{N-1} \cdot 10^{N-1} + \cdots + c_1 \cdot 10^1 + c_0 \cdot 10^0$$
$$+ c_{-1} \cdot 10^{-1} + \cdots + c_{-M} \cdot 10^{-M} = \sum_{k=-M}^{N} c_k \cdot 10^k.$$

Dabei ist $0 \leqq c_k \leqq 9$, c_k ganz, $c_N \neq 0$, $N + M \geqq 0$. Der Punkt (Komma) steht nach der Einerstelle (Stellenwert 10^0) und wird bei ganzen Zahlen ($M = 0$) weggelassen. Für $N < 0$ wird in der Ziffernfolge $c_0 = c_{-1} = \cdots = c_{N+1} = 0$ gesetzt. Die in dieser Weise dargestellte Zahl z wird Dezimalzahl genannt. Zum Beispiel ist

$$87.106 = 8 \cdot 10^1 + 7 \cdot 10^0 + 1 \cdot 10^{-1} + 0 \cdot 10^{-2} + 6 \cdot 10^{-3}$$

oder

$$0.024 = 2 \cdot 10^{-2} + 4 \cdot 10^{-3}.$$

Natürlich kann nicht jede reelle Zahl in dieser Art dargestellt werden, etwa $\frac{1}{3}$ oder $\sqrt{2}$, sondern nur die Vielfachen von 10^{-M}. Die beschriebene Zahlendarstellung ist nicht auf die Basis $B = 10$ beschränkt, sondern es gilt entsprechend für $B > 1$:

$$z = \sum_{k=-M}^{N} x_k B^k, \quad 0 \leqq x_k \leqq B - 1, \quad x_N \neq 0, \quad N + M \geqq 0.$$

Hier wird z eine *B-alzahl* im *B-alsystem* genannt. Digitale Rechenautomaten verwenden meistens das Dual- ($B = 2$) oder das Oktalsystem ($B = 8$). Für die maschineninternen Zahlen sind natürlich Schranken für N und M gegeben.

2.1.1. *Dualzahlen*

Im *Dual-* oder *Binärsystem* lautet die Zahldarstellung

$$z = \sum_{k=-M}^{N} b_k \cdot 2^k \quad \text{mit} \quad b_k = 0 \text{ oder L},$$

$$b_N = \text{L}, N + M \geqq 0.$$

Die duale Eins wird mit „L" bezeichnet, um Verwechslungen mit der dezimalen Eins „1" zu vermeiden. Es gibt nur die zwei Ziffern 0 und L.

Für die technische Realisierung ist dieser Tatbestand von großer Bedeutung, da nur Bauelemente, die zweier stabiler Zustände fähig sind, benötigt werden (Relais, Elektronenröhre, Transistor, Ringkern und andere).

Im Dualsystem haben die Zahlen von 1 bis 20 folgendes Aussehen:

1 =	L	11 =	L0LL
2 =	L0	12 =	LL00
3 =	LL	13 =	LL0L
4 =	L00	14 =	LLL0
5 =	L0L	15 =	LLLL
6 =	LL0	16 =	L0000
7 =	LLL	17 =	L000L
8 =	L000	18 =	L00L0
9 =	L00L	19 =	L00LL
10 =	L0L0	20 =	L0L00

Dabei ist

$$17 = 1 \cdot 2^4 + 0 \cdot 2^3 + 0 \cdot 2^2 + 0 \cdot 2^1 + 1 \cdot 2^0 = \text{L000L}$$

und entsprechend

$$43 = 1 \cdot 2^5 + 0 \cdot 2^4 + 1 \cdot 2^3 + 0 \cdot 2^2 + 1 \cdot 2^1 + 1 \cdot 2^0$$
$$= \text{L0L0LL}.$$

Die Arithmetik im Dualsystem ist denkbar einfach:

	0	L
0	0	L
L	0	L0

Additionstabelle

	0	L
0	0	0
L	0	L

Multiplikationstabelle

Die Multiplikationstabelle stellt das gesamte „kleine Einmaleins“ dar.

Man kann die gewohnten Rechenregeln auf das Rechnen mit dualen Zahlen leicht übertragen:

Addition:

LL0L	13
+ LL0	+ 6
L00LL	19

Subtraktion:

L00LL	19
− LLL	− 7
LL00	12

Multiplikation: 3 · 6 = 18

```
LL · LL0
LL
 LL
  00
L00L0
```

Division: 20:4 = 5

```
L0L00:L00 = L0L
L00
 L00
 L00
   0
```

Im Dualsystem erhält man im Mittel die kleinsten Quersummen der Ziffern, was für die Rechendauer von Multiplikation und Division vorteilhaft ist. Ferner gibt es noch einen informationstheoretisch bedingten Vorteil des Dualsystems. Bei der Nachrichtenübertragung kann man bei B Möglichkeiten (Zuständen) für ein Signal mit k Signalen insgesamt $N = B^k$ Nachrichten übertragen.

Der *Bezeichnungsraum* $R = B \cdot k$ ist ein Maß für den technischen Aufwand, der bei vorgegebenem Umfang N möglichst klein werden soll. Die Beziehung

$$R = B \cdot k = \ln N \cdot \frac{B}{\ln B} \quad \text{wird für} \quad B = \mathrm{e} \text{ minimal},$$

also bilden $B = 2$ oder $B = 3$ für diese Fragestellung günstige Basen.

Beispiel:

zwölfstellige Dezimalzahlen: $R = 10 \cdot 12 = 120, \quad N = 10^{12};$

vierzigstellige Dualzahlen: $R = 2 \cdot 40 = 80, \quad N = 2^{40} \approx 10^{12};$

Wörter mit
8 Buchstaben: $R = 26 \cdot 8 = 208$, $N = 26^8 \approx 0.2 \cdot 10^{12}$;

Wörter mit
9 Buchstaben: $R = 26 \cdot 9 = 234$, $N \approx 5 \cdot 10^{12}$.

Der entscheidende Nachteil für die Verwendung des Dualsystems im täglichen Gebrauch ist die Übersichtlichkeit des Ziffernbildes der dargestellten Zahlen. Um eine n-stellige positive ganze Dezimalzahl im Dualsystem darzustellen, sind k Stellen im Dualsystem erforderlich. Dabei liegt k in folgenden Schranken: $[(n-1) \cdot 3.32] \leqq k - 1 \leqq [n \cdot 3.32]$. Hierbei ist mit $[a]$ die größte ganze Zahl gemeint, die kleiner oder gleich a ist. Ferner wurde ${}_2\log 10 = 3.32$ gesetzt. So entspricht einer 12-stelligen Dezimalzahl eine 37- bis 40stellige Dualzahl (37 bis 40 Nullen oder Einsen nebeneinander)! Oder für eine 9stellige Dezimalzahl werden einschließlich Vorzeichen 31 Binärstellen (Bit) benötigt (Festkommawort bei ESER).

Die Umwandlung einer Zahl von einem Zahlensystem in ein anderes nennt man *Konvertierung*. Es soll eine erste Methode dafür erläutert werden. Zunächst sei z eine ganze Zahl in Dualdarstellung

$$z^{(\mathrm{du})} = b_N \cdot 2^N + b_{N-1} \cdot 2^{N-1} + \cdots + b_2 \cdot 2^2 + b_1 \cdot 2^1 + b_0 \cdot 2^0.$$

Wir dividieren die Dezimalzahl $z^{(\mathrm{dez})}$ durch 2 und erhalten den gleichen Quotienten und Rest wie bei der Division

$$z^{(\mathrm{du})} : 2 = b_N \cdot 2^{N-1} + \cdots + b_1 \cdot 2^0 \quad \text{Rest } b_0,$$

da es sich um die gleiche Zahl handelt. Die nächste Division durch 2 liefert die Dualstelle b_1 als Rest und so fort. Bei fortlaufender Division einer ganzen Dezimalzahl durch 2 liefern die entstehenden Reste die Ziffern ihrer Dualdarstellung.

Beispiel:

43:2 =	21	Rest	1
21:2 =	10	,,	1
10:2 =	5	,,	0
5:2 =	2	,,	1
2:2 =	1	,,	0 ↑
1:2 =	0	,,	1

also wird 43 = L0L0LL

Bei der Rückkonvertierung der Dualzahl in eine Dezimalzahl addiert man die mit L versehenen Zweierpotenzen, oder man geht nach dem gleichen Prinzip wie oben vor (man verwende jetzt zur fortlaufenden Division oder Multiplikation die dezimale Basiszahl L0L0).

Beispiel:

L0L0LL : L0L0 = L00 Rest LL oder Rest 3 ↑
L00 : L0L0 = 0 Rest L00 oder Rest 4

also L0L0LL = 43

Bei den Digitalrechnern werden die Zahlen als Dezimalzahlen verschlüsselt ein- und ausgegeben. Die Konvertierung und Rückkonvertierung führt der Rechner selbst durch, so daß man es praktisch extern meistens nur mit Dezimalzahlen zu tun hat.

2.1.2. *Oktalzahlen*

Die Zahldarstellung lautet im *Oktalsystem*

$$z = \sum_{k=-M}^{N} a_k \cdot 8^k, \quad 0 \leqq a_k \leqq 7, \quad N + M \geqq 0.$$

Zu beachten ist, daß hier keine besonderen Bezeichnungen für Oktalziffern eingeführt werden, sondern die Dezimalziffern verwendet werden.

Multiplikation und Addition von Oktalzahlen

	0	1	2	3	4	5	6	7
0	0 / 0	1	2	3	4	5	6	7
1	0	2 / 1	3	4	5	6	7	10
2	0	2	4 / 4	5	6	7	10	11
3	0	3	6	6 / 11	7	10	11	12
4	0	4	10	14	10 / 20	11	12	13
5	0	5	12	17	24	12 / 31	13	14
6	0	6	14	22	30	36	14 / 44	15
7	0	7	16	25	34	43	52	16 / 61

Additionstabelle

Multiplikationstabelle

Die Konvertierung einer Dezimalzahl in eine Oktalzahl geschieht nach dem gleichen Prinzip wie in Abschn. 2.1.1. – jetzt dividieren wir die Dezimalzahl fortlaufend durch 8.

Beispiele:

1) $43:8 = 5$ Rest 3 ↑
   $5:8 = 0$ Rest 5 , $43^{(dez)} = 53^{(okt)}$

2) $273:8 = 34$ Rest 1 ↑
   $34:8 = 4$ Rest 2 $173^{(dez)} = 421^{(okt)}$
   $4:8 = 0$ Rest 4 ,

3) $4095^{(dcz)} = 7777^{(okt)}$,

4) dezimal entspricht oktal

$$\begin{array}{r} 337 \\ 174 \\ +\ 41 \\ \hline 552 \end{array} \quad \text{entspricht} \quad \begin{array}{r} 521 \\ 256 \\ +\ 51 \\ \hline 1050 \end{array}$$

5) dezimal oktal

$$\begin{array}{l} \underline{37 \cdot 41} \\ 148 \\ \ \ 37 \\ \hline 1517 \end{array} \qquad \begin{array}{l} \underline{45 \cdot 51} \\ 271 \\ \ \ 45 \\ \hline 2755 \end{array}$$

Zwischen Dual- und Oktalzahlen besteht folgende einfache Beziehung: Zur Umwandlung einer Oktalzahl in eine Dualzahl ist jede Ziffer der Oktalzahl durch die ihr entsprechende Dualzahl (mit drei Stellen) zu ersetzen und umgekehrt.

Denn bildet man (z ganz)

$$z^{(\text{okt})}:8 = a_{N_0} \cdot 8^{N_0-1} + \cdots + a_2 \cdot 8 + a_1 \text{ Rest } a_0 \quad \text{und}$$

$$z^{(\text{du})}:8 = b_N \cdot 2^{N-3} + \cdots + b_4 \cdot 2 + b_3 \text{ Rest } b_2 \cdot 2^2 + b_1 \cdot 2^1 + b_0 \cdot 2^0,$$

so sind die Reste gleich, also

$$a_0 = b_2 \cdot 2^2 + b_1 \cdot 2^1 + b_0; \quad a_0 \text{ Oktalziffer.}$$

Dieser Vorgang kann wiederholt werden und auch entsprechend auf echt gebrochene Zahlen übertragen werden (Multiplikation mit 8).

Damit haben wir auch eine weitere Methode zur Konvertierung von Dezimal- in Dualzahlen.

Beispiele:

1) $273^{(\text{dez})} = 421^{(\text{okt})} =$ L00 0L0 00L,

2) $43^{(\text{dez})} = 53^{(\text{okt})} =$ L0L 0LL,

3) L0L 00L $= 51^{(\text{okt})} = 41^{(\text{dez})}$,

4) Rückkonvertierung von $51^{(okt)}$ mittels Division durch $12^{(okt)}$ ($= 10^{(dez)}$)

$$\left.\begin{array}{r} 51:12 = 4 \text{ Rest } 1 \\ 4:12 = 0 \text{ Rest } 4 \end{array}\right\uparrow, \quad \text{also } 51^{(okt)} = 41^{(dez)}.$$

2.1.3. *Hexadezimalzahlen*

Ist die Basis $B = 16$, so sprechen wir vom *Hexadezimalsystem*. Die Ziffern haben die Wertigkeit von 0 bis 15 und werden durch die Zeichen 0, 1, 2, 3, 4, 5, 6, 7, 8, 9, A, B, C, D, E, F dargestellt. Die Konvertierung erfolgt nach dem gleichen Prinzip wie in den vorhergehenden Abschnitten. Zur Umwandlung einer Hexadezimalzahl in eine Dualzahl ist jede Ziffer der Hexadezimalzahl durch die ihr entsprechende Dualzahl (mit 4 Stellen) zu ersetzen und umgekehrt.

Beispiele:

1) $273^{(dez)} = 111^{(hex)} = 421^{(okt)} =$ L 000L 000L,

2) $43^{(dez)} = 23^{(hex)} = 53^{(okt)} =$ L0 L0LL,

3) L0 L00L $= 29^{(hex)} = 51^{(okt)} = 41^{(dez)}$.

2.2. *Zahlendarstellung*

Zur Darstellung einer Zahl benötigen wir neben dem Zahlensystem auch Kenntnisse über die Kommastellung, die Zahlenlänge, den Zahlenbereich und das Vorzeichen.

Für das Rechnen mit Zahlen ist deren Kommastellung zu beachten. Die Digitalrechner arbeiten wahlweise mit *festem* (FK) oder mit *gleitendem Komma* (GK). Wir verwenden den Punkt zur Darstellung des Zahlkommas.

Bei Zahlen mit FK ist die Stellung des Kommas festgelegt. Das Komma steht meistens entweder hinter der letzten oder vor der ersten Ziffer jeder verwendeten Zahl.

Im ersten Fall rechnet man praktisch mit ganzen Zahlen (R 300), im anderen Fall mit echten Dezimalbrüchen.

Für kommerzielle Rechnungen mit relativ häufig anfallenden Additionen und Subtraktionen von Zahlen gleicher Größenordnung und einfach zu übersehenden Multiplikationen und Divisionen ist das Arbeiten mit FK-Zahlen ausreichend. Bei den Vierspeziesrechnern legt man ja bekanntlich vor jeder Rechnung auch die Kommastellung fest. Für wissenschaftliche Rechnungen sind diese Zahlen weniger geeignet, es sei denn, man hat sich einen genauen Überblick über den für die Rechnung erforderlichen Zahlenbereich verschafft und vermeidet dann — eventuell durch „Maßstabsänderungen" — Überschreitungen des für den Automaten zulässigen Zahlenbereichs. Sonst muß man mit Additions- bzw. Divisionsüberläufen rechnen. Bei Dezimalbrüchen können vorangestellte Nullen vor Additionsüberlauf schützen, aber sie fördern dann den Multiplikationsunterlauf ($0.001 \cdot 0.002 \cdot 0.003 = 0.000000006$), das bedeutet eventuell den Verlust wesentlicher Stellen. Diese Schwierigkeiten werden weitgehendst bei Zahlen mit gleitendem (beweglichem) Komma vermieden. Die Grundrechenarten sind fast unbeschränkt ausführbar, weil die verfügbaren Zahlenbereiche sehr groß sind. Natürlich werden die bekannten Probleme des numerischen Rechnens (Subtraktion fast gleich großer Zahlen, Division durch sehr kleine Zahlen) hiermit nicht beseitigt. Bei GK-(*Gleitkomma*)-Zahlen wird die Kommastellung für jede Zahl angegeben. Dies geschieht mit der halblogarithmischen Darstellung

$$z = m \cdot B^e .$$

Bei fester Basis ($B = 10$ oder $B = 2$) sind die Mantisse m und der Exponent e wesentlich. Deshalb werden meistens nur m und e angegeben. Ferner wird für die Mantisse eine Normierung festgelegt. Für die Null gibt es besondere Darstellungen (z. B. $m = 0$, $e = 1$).

Beispiele:

1) $B = 10$; $m < 1$, 1. Stelle nach dem Komma von Null verschieden

	m	e
725.31	= 72531	3
0.0047	= 47	−2
81320.	= 8132	5
2.5	= 25	1

2) $B = 2$; $m < 1$, 1. Stelle nach dem Komma gleich L.

Naturgemäß liegen die Additionszeiten unter den Multiplikationszeiten. Es ist aber auch unter gleichen Voraussetzungen eine Addition im FK schneller als im GK, eine Multiplikation langsamer. Für die Länge der Zahlen und damit den zulässigen Zahlenbereich ist die innere Wortlänge für die Anzahl der binären Stellen (Bit) maßgebend. In den Anlagen können die Wortlängen fest oder variabel sein. Bei ersterer wird jede Zahl durch eine Zeichenfolge mit fester Länge dargestellt; üblich sind 24 bis 48 Bit.

Bei variabler Wortlänge wird die Länge durch eine Wortmarke begrenzt; eine konstante Stellenzahl ist demnach nicht erforderlich. Auch hier sind die Zahlenbereiche aus technischen Gründen begrenzt.

Beispiel: Der R 300 hat variable Wortlänge. Zu beachten ist, daß er intern dezimal rechnet. Die Ziffern sind dual verschlüsselt (s. Abschn. 2.3.).

Bei FK gilt: $1 \leqq |z_F| \leqq 10^{120} - 1.$

Bei GK kann die Mantisse bis zu 58 Dezimalziffern, der Exponent 2 Dezimalziffern haben. Also wird

$$10^{-99} \leqq |z_G| \leqq (10^{58} - 1) \cdot 10^{99}.$$

Für das Vorzeichen einer Zahl wird üblicherweise eine Binärstelle bereitgestellt ($+ \triangleq 0$; $- \triangleq$ L).

Für die Festkommaarithmetik steht in den Anlagen des ESER ein 32 Bit umfassendes Festkommawort für ganze Zahlen in dualer Darstellung zur Verfügung, dem eine 9-stellige Dezimalzahl entspricht. Dem Halbwort (16 Bit) entspricht eine 4stellige Dezimalzahl. Für die innere Zahl ist der Bereich $-2^{31} \leqq F \leqq 2^{31} - 1$ bzw. $-2^{15} \leqq H \leqq 2^{15} - 1$ beim Halbwort.

Gleitkommazahlen können in zwei Formaten fester Länge auftreten, die sich durch die Länge ihrer Mantissen unterscheiden. Die Mantisse einer Gleitkommazahl wird hexadezimal als Folge dualer Tetraden (= 4 Bit) dargestellt. Im kurzen Format hat die Mantisse 6, im langen 14 Hexadezimalziffern. Das kurze Format entspricht einer Länge von 7, das lange einer Länge von maximal 17 Dezimalstellen. Die Mantisse wird mit einer Potenz der Basis 16 multipliziert. Der Exponent belegt 7 Bit, damit werden Exponenten zwischen -64 und $+63$ dargestellt. Es ergeben sich folgende Beschreibungen der Zahlenbereiche:

Innere Zahl: $16^{-65} \leqq |z_G| \leqq (1 - 16^{-7}) \cdot 16^{63}$,
äußere Zahl: $5.5 \cdot 10^{-79} \leqq |z_G| \leqq 7.11 \cdot 10^{75}$.

Hinzu kommt jeweils die Zahl Null.

Außerdem ist intern die Dezimalarithmetik möglich. Hierbei werden die Dezimalziffern 0 bis 9 als duale Tetrade verschlüsselt durch 0000 bis L00L dargestellt. Dezimalziffern erscheinen zwei pro Byte (8 Informationsbit) zusammengefaßt in Felder variabler Länge, deren Größe von 1 bis 16 Bytes beträgt. Das Vorzeichen ist vorgesehen. Demnach können die Dezimalzahlen eine Länge bis zu 31 Dezimalziffern und ein Vorzeichen aufweisen.

2.3. *Codierung*

Die Eingabe von Zahlen, Buchstaben und anderen Zeichen in digitale Rechenanlagen erfolgt über Lochkarten oder Lochstreifen. Die meisten Anlagen können zur Zeit nur über diesen Umweg „lesen". Dazu ist es erforderlich, die Ziffern und andere Zeichen zu verschlüsseln oder zu codieren.

Allgemein versteht man unter *Codierung* die Zuordnung zwischen Zeichenfolgen zweier Alphabete, die nicht notwendig verschieden sein müssen. Einer Zeichenfolge bzw. einem Wort des Ausgangsalphabets wird gemäß dem Code ein Codewort zugeordnet. Solche sind beispielsweise Zahlen, Namen, Bezeichnungen, Autonummern, Preise oder Vereinbarungen, z. B. Peter Schmidt, SC 42-71, ROBOTRON. Hat das Alphabet nur zwei Zeichen (0, L), so spricht man vom *binären Code*. Seiner Realisierung in den Eingabemedien Lochkarte bzw. Lochstreifen entsprechen:

$$0 = \text{keine Lochung}, \quad L = \text{Lochung}.$$

Folgen dieser beiden Zeichen werden zur Verschlüsselung der Ziffern, Buchstaben und Sonderzeichen verwendet.

2.3.1. *Ziffernverschlüsselung*

Es gibt verschiedene Möglichkeiten, Dezimalziffern mit einem binären Code zu verschlüsseln. Mit 3 Dualstellen lassen sich $2^3 = 8$, mit 4 Dualstellen $2^4 = 16$ Kombinationen herstellen. Man braucht also 4 Dualstellen, um die 10 Dezimalziffern zu verschlüsseln. Eine solche Folge von vier binären Zeichen nennt man eine *Tetrade*. Gebräuchliche Zuordnungen sind:

Ziffer	direkter Code 8421	Dreiexzeßcode (STIBITZ)	AIKEN-Code 2421	2-aus-5-Code 74210	3-aus-6-Code 8421
0	0000	00LL	0000	LL000	L0 00LL
1	000L	0L00	000L	000LL	LL 000L
2	00L0	0L0L	00L0	00L0L	LL 00L0
3	00LL	0LL0	00LL	00LL0	0L 00LL
4	0L00	0LLL	0L00	0L00L	LL 0L00
5	0L0L	L000	L0LL	0L0L0	0L 0L0L
6	0LL0	L00L	LL00	0LL00	0L 0LL0
7	0LLL	L0L0	LL0L	L000L	00 0LLL
8	L000	L0LL	LLL0	L00L0	LL L000
9	L00L	LL00	LLLL	L0L00	0L L00L

Die nicht verwendeten Tetraden in den drei tetradischen Codes nennt man Pseudotetraden; sie können für Sonderzeichen verwendet werden. In der Kopfzeile dieser Tabelle stehen in vier Fällen Gewichte, deren im Sinne der „skalaren Multiplikation" gebildetes Produkt mit den entsprechenden Stellen der jeweiligen Verschlüsselung die Dezimalziffer ergibt.

Beim direkten Code stellt jede Tetrade die der Ziffer entsprechende Dualzahl dar. Beim Dreiexzeßcode ist die jeweils zugeordnete Dualzahl um 3 größer („Dreierüberschuß"), während der AIKEN-Code die Ziffern von 0 bis 4 direkt, die Ziffern von 5 bis 9 komplementär (vertauschen von 0 und L) dazu verschlüsselt (3 = 00LL, 6 = LL00), wobei sich die entsprechenden Dezimalziffern zum Neunerkomplement ergänzen.

Beispiel:

Die Zahl 1977 kann folgendermaßen dual verschlüsselt werden:

1)	direkt:	000L	L00L	0LLL	0LLL
2)	Dreiexzeß:	0L00	LL00	L0L0	L0L0
3)	AIKEN:	000L	LLLL	LL0L	LL0L

Bei einigen Anlagen werden die verschlüsselten Dezimalzahlen nach der Eingabe in das Dualsystem konvertiert.

Verwandelt man die Dezimalzahlen zunächst in Oktalzahlen, so kommt man mit 3 Dualstellen für die Codierung der Ziffern aus. Ein weiterer Vorteil dieser Umwandlung ist, daß damit die direkt codierte Zahl im Dualsystem erscheint und sich eine Konvertierung erübrigt (s. Abschn. 2.1.2.). Diese wird beim Cellatron C 8205 und beim Ural 14 für die Eingabe der Adressen verwendet,

$$43^{(\mathrm{dez})} = 53^{(\mathrm{okt})} = \mathrm{L0L0LL}.$$

Andere Anlagen (R 300) sparen diese Übersetzung und rechnen auch intern im Dezimalsystem. Diese innere „Dezimalarithmetik" ist auch bei den Anlagen des ESER vorhanden.

2.3.2. Buchstaben- und Sonderzeichenverschlüsselung

Datenverarbeitungsanlagen verwenden neben Ziffern auch Buchstaben, die ebenfalls verschlüsselt werden müssen (*alpha-numerische Codierung*). Weiterhin werden Sonderzeichen verschlüsselt. Derartige Codierungen sind schon in der Telegrafie zur Informationsübertragung und in der Lochkartentechnik verwendet worden, sie sind sehr uneinheitlich. Beim R 300 werden insgesamt 64 Zeichen (10 Ziffern, 26 Buchstaben und 28 Sonderzeichen) codiert.

In der Fernschreibtechnik werden die 26 Buchstaben des Alphabets mit 5 binären Zeichen (Bit) verschlüsselt ($2^5 = 32$, Fünf-Kanal-Code). Die restlichen 6 Pentaden reichen für die Dezimalziffern nicht aus, deshalb wird bekanntlich auf Ziffern umgeschaltet.

In der Datenfernübertragung verwendet man aus Gründen der Übertragungssicherheit gewöhnlich einen Acht-Kanal-Code.

Es werden also 8 Dualen (Bit) für ein Zeichen verwendet. Ein solches Zeichen, das aus 8 Bit besteht, wird in der Regel als 1 Byte — in manchen Anlagen (ESER) besteht ein Byte aus neun Zeichen — bezeichnet (1 *Byte* ist die kleinste adressierbare Einheit für aus binären Ziffern aufgebaute Zeichen). Man kann $2^8 = 256$ Zeichen durch 8 Bit darstellen.

Auch das innere Wort von Rechenautomaten baut sich oft aus Zeichen mit 8 Bit auf, so beispielsweise beim R 300 (siehe Seite 32 oben).

Man kann aber auch 8 Bit in einem Byte für den Zeichenvorrat nutzen; dann hat man $2^8 = 256$ Bitkombinationen zur Verfügung. Für die Anlagen des ESER wird diese interne Codierung (EBCDI-Code) verwendet (Tab. 2-1). Die ersten 4 Stellen im Byte sind der Zonenteil, die letzten vier der Ziffernteil. Hinzu kommt 1 Prüfbit (siehe Seite 32).

Bei „gepackter“ Zahlendarstellung entfällt der Zonenteil. Ein Byte enthält dann zwei Ziffern und das letzte

Bit	Bedeutung
w	Wortmarkenbit: begrenzt das Ende eines Wortes
v, u	Überbit: Zur Kennzeichnung des Alphabetes und der Sonderzeichen
p	Prüfbit: Zur Kontrolle. Die Anzahl der mit L besetzten Stellen ist stets ungerade (interne Kontrolle der Zeichen und Worte).
8, 4, 2, 1	numerische Bit mit der entsprechenden Bewertung

R 300-Byte

Man kann also insgesamt $2^6 = 64$ Zeichen darstellen.

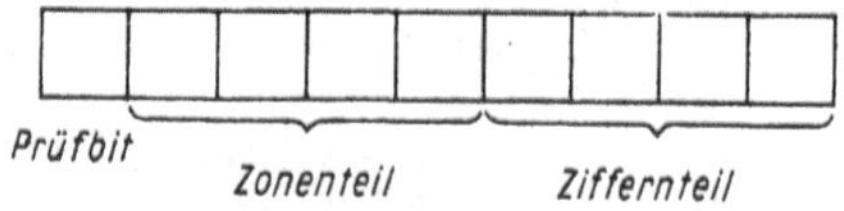

ESER-Byte

Byte eine Ziffer und das Vorzeichen. Schließlich sei noch der ESER-Lochkarten-Code angegeben (siehe Seite 34).

Abschließend soll bemerkt werden, daß nicht alle Codierungen jedes Zeichen mit der gleichen Stellenzahl versehen, wie wir das vom MORSE-Alphabet kennen. Auch die Wörter einer Sprache haben gewöhnlich nicht die gleiche Länge. Die Länge eines Codewortes hängt von der Häufigkeit des Auftretens des verschlüsselten Zeichens ab, von der auch der Informationsgehalt der Nachricht abgeleitet wird. Häufig auftretende kurze Wörter haben im statistischen Sinne einen geringen Informationsgehalt (z. B. „ich"). Entsprechend haben selten verwendete längere Wörter einen höheren Informationsgehalt (z. B. „Ehescheidungsrate").

Ziffernteil		Zonenteil 0	1	2	3	4	5	6	7	8	9	A 10	B 11	C 12	D 13	E 14	F 15
		0000	0001	0010	0011	0100	0101	0110	0111	1000	1001	1010	1011	1100	1101	1110	1111
0	0000					SPA*)	&	–									0
1	0001							/		a	j			A	J		1
2	0010									b	k	s		B	K	S	2
3	0011									c	l	t		C	L	T	3
4	0100									d	m	u		D	M	U	4
5	0101									e	n	v		E	N	V	5
6	0110									f	o	w		F	O	W	6
7	0111									g	p	x		G	P	X	7
8	1000									h	q	y		H	Q	Y	8
9	1001									i	r	z		I	R	Z	9
A 10	1010					ø	!	∧	:								
B 11	1011					.	$	,	#								
C 12	1100					<	*	%	@								
D 13	1101					(	)	–	'								
E 14	1110					+	;	>	=								
F 15	1111					|	¬	?	"								

Anmerkung: Spalten 0–3 u. Spalte 4 (Zeile 1–6) sind für Steuerzeichen reserviert   *) SPA bedeutet Leerzeile

ESER-Lochkartencode

	210123456789
0	L . .
1	. L . .
2	. L . .
3	. L .
4	. . L .
5	. . L.
6	. . L
7	. . .L
8	. . . L
9	. . . L

Die zu jedem Zeichen angegebene Codierung ist auf der Lochkarte als Spalte zu lochen.

	210123456789
+	L . . L L
−	L. . .
*	L. .L . L
/	LL . .
.	L . L . L
,	L L . L
;	L. . L L
:	. L. . L
(	L . . L. L
)	L. . L. L
=	. . L L
>	L . L L
<	L . .L . L
'	. . L. L
&	L . . .
ƀ	keine Lochg.
^	LL. . .
¬	L. . .LL
|	L . . .LL
%	L L . L
?	L . . L
!	L. L. . L
—	L . L. L
ø	L . L. . L

	210123456789
A	L .L . .
B	L . L. .
C	L . L .
D	L . .L .
E	L . . L.
F	L . . L
G	L . . .L
H	L . . . L
I	L . . . L
J	L.L . .
K	L. L. .
L	L. L .
M	L. .L .
N	L. . L.
O	L. . L
P	L. . .L
Q	L. . . L
R	L. . . L
S	L L. .
T	L .L .
U	L .L .
V	L . L.
W	L . L
X	L . .L
Y	L . . L
Z	L L

	210123456789
a	L LL . .
b	L L L. .
c	L L L .
d	L L .L .
e	L L . L.
f	L L . L
g	L L . .L
h	L L . . L
i	L L . . L
j	LL. L . .
k	LL. L . .
l	LL. L .
m	LL. .L .
n	LL. . L.
o	LL. . L
p	LL. . .L
q	LL. . . L
r	LL. . . L
s	LL L. .
t	LL L .
u	LL .L .
v	LL . L.
w	LL . L
x	LL . .L
y	LL . . L
z	LL . . L

2.4. Logisch-technische Grundlagen

Zur Beschreibung von digitalen Schaltungen werden die Grundbegriffe der klassischen zweiwertigen Logik herangezogen. Bereits 1910 wurde von EHRENFEST darauf verwiesen, daß man die mathematische Logik auf Relaiskontaktschaltungen anwenden könne. Der Durchbruch für ihre Anwendung erfolgte in den dreißiger Jahren durch Arbeiten von SHANNON.

Die mathematische Logik ist in der Rechentechnik auch deshalb von Bedeutung, weil informationsverarbeitende Systeme, wie elektronische Rechenautomaten, die Informationen nach logischen Gesetzen verknüpfen.

2.4.1. Logische Funktionen

Die Logik beschäftigt sich mit *Aussagen* und ihren *Verknüpfungen*. Dabei drückt eine Aussage p einen Tatbestand aus, von dem es sinnvoll ist zu sagen, ob er wahr oder falsch ist.

Beispiele: p = „8 ist keine Primzahl"
r = „$2 \cdot 3 = 5$"
q = „Leipzig ist eine Großstadt"
t = „Rechts abbiegen"

Die Aussagen p und q sind also wahr, die Aussage r ist falsch. Die Aufforderung in t soll in unserem Sinne keine Aussage darstellen.

Eine wahre Aussage besitzt den Wahrheitswert W, eine falsche den Wahrheitswert F. Für die folgenden Betrachtungen sind Verknüpfungen von Aussagen, die *Aussagenverbindungen* oder *Aussagenlogische Funktionen* von Bedeutung. Die grundlegenden Verknüpfungen sind:

Konjunktion: $p \wedge q$, p und q
Disjunktion: $p \vee q$, p oder q
Negation: $\bar{p}$, nicht p.

Die Disjunktion wird hier im Sinne des „einschließenden oder" verstanden, was in der mathematischen Literatur als Alternative bezeichnet wird. Die Wahrheitswerte der Aussagen $p \wedge q$ und $p \vee q$ sind Funktionen der Wahrheitswerte von p und q. Man spricht auch von *Wahrheitswertfunktionen*. Die folgende Tabelle gibt eine Übersicht über die wichtigsten Verknüpfungen und ihre aus den vier möglichen Wahrheitswertkombinationen für p und q abgeleiteten Wahrheitswerte.

Tab. 2-2. Logische Aussagenverbindungen

	p q	W W	W F	F W	F F
1 Negation	$\overline{p}$ $\overline{q}$	F F	F W	W F	W W
2 Konjunktion	$p \wedge q$	W	F	F	F
3 Disjunktion	$p \vee q$	W	W	W	F
4 NICODsche Funktion	$\overline{p} \wedge \overline{q} = p \,\text{n}\, q$	F	F	F	W
5 SHEFFERsche Funktion	$\overline{p} \vee \overline{q} = p \mid q$	F	W	W	W
6 Äquivalenz	$(p \wedge q) \vee (\overline{p} \wedge \overline{q}) = p \leftrightarrow q$	W	F	F	W
7 Antivalenz	$(p \wedge \overline{q}) \vee (\overline{p} \wedge q) = p \not\leftrightarrow q$	F	W	W	F
8 Implikation	$p \rightarrow q$	W	F	W	W
9 Identität	$p \vee \overline{p}$	W	W	W	W
10 Kontradiktion	$p \wedge \overline{p}$	F	F	F	F

Betrachten wir zum Beispiel die zusammengesetzten Aussagen

$$r = (p \wedge q) \vee (\overline{p} \wedge \overline{q}) \quad \text{und} \quad s = (p \wedge \overline{q}) \vee (\overline{p} \wedge q).$$

Die Wahrheitswerte dieser Aussagen können wir, wie in folgender Tabelle dargestellt, schrittweise gewinnen:

p	W	W	F	F
q	W	F	W	F
$\bar{p}$	F	F	W	W
$\bar{q}$	F	W	F	W
$p \wedge q$	W	F	F	F
$\bar{p} \wedge \bar{q}$	F	F	F	W
$p \wedge \bar{q}$	F	W	F	F
$\bar{p} \wedge q$	F	F	W	F
r	W	F	F	W
s	F	W	W	F

Die Aussagenverbindung r ist genau dann wahr, wenn p und q beide wahr oder beide falsch sind. Man sagt auch dafür „p genau dann, wenn q", schreibt $p \leftrightarrow q$ und nennt diese Aussagenverbindung *Äquivalenz* (Tab. 2-2, Zeile 6).

Entsprechend gilt für die *Antivalenz* s (Tab. 2-2, Zeile 7) „p genau dann, wenn q nicht", $p \leftrightarrow \bar{q}$, wofür man auch $p \nleftrightarrow q$ schreiben kann. Die Antivalenz stellt zum anderen das „ausschließende oder" dar, was in der mathematischen Literatur als Disjunktion bezeichnet wird.

Ebenso gilt für die Nicodsche Funktion (Tab. 2-2, Zeile 4)

$$\bar{p} \wedge \bar{q} = \overline{p \vee q} = p \,\mathrm{n}\, q$$

und für die Sheffersche Funktion (Tab. 2-2, Zeile 5)

$$\bar{p} \vee \bar{q} = \overline{p \wedge q} = p \mid q.$$

Allgemein gilt, daß man jede beliebige n-stellige Wahrheitswertfunktion (Wahrheitstabellen) aus den Wahrheitswertfunktionen der Negation, Konjunktion und Disjunktion gewinnen kann.

Für die Konstruktion von elektronischen Schaltungen ist es zum anderen notwendig, die Wahrheitstabellen

n-stelliger Aussagenverbindung schaltungstechnisch zu realisieren. Die den drei angegebenen grundlegenden Verknüpfungen entsprechenden Grundschaltungen lassen sich leicht realisieren. Kompliziertere Schaltungen werden dann aus diesen drei Bausteinen aufgebaut.

2.4.2. *Technische Realisierung*

Wir stellen zunächst eine Analogie zu den zwei Stellungen eines Schalters her, der einen Stromkreis öffnet oder schließt. Es bedeutet:

$a = 0$ den offenen Schalter mit unterbrochenem Stromkreis,

$a = \mathrm{L}$ den geschlossenen Schalter und Stromkreis.

Für a gibt es also zwei Werte, die jetzt nicht mit W und F, sondern mit 0 und L bezeichnet werden sollen.

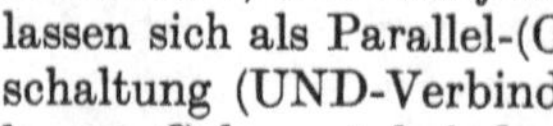

Abb. 2-1. Schalterstellungen

Die logischen Verknüpfungen Disjunktion (logische Addition $\vee$) und Konjunktion (logische Multiplikation $\wedge$) lassen sich als Parallel-(ODER-Verbindung) und Reihenschaltung (UND-Verbindung) interpretieren. Eine Glühlampe G brennt bei der Parallelschaltung genau dann, wenn Schalter a oder Schalter b (oder beide – inklusives oder), bei der Serienschaltung hingegen nur dann, wenn Schalter a und b geschlossen sind. Die logische Multiplikation $\wedge$ hat den Vorrang vor der logischen Addition $\vee$, wenn nicht Klammern die Verbindung bestimmen, das heißt

$$a \vee b \wedge c = a \vee (b \wedge c) \quad \text{und nicht gleich} \quad (a \vee b) \wedge c.$$

(Vergleiche Algebra der Zahlen $a + b \cdot c = a + (b \cdot c)$ und nicht gleich $(a + b) \cdot c$).

Die Negation hängt nur von einer binären Größe ab und läßt sich ebenfalls schaltungstechnisch deuten mittels eines Ruhekontaktes.

Abb. 2-2. Schaltung von Disjunktion und Konjunktion

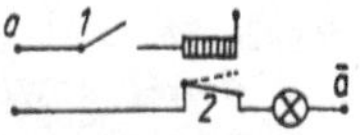

Abb. 2-3. Negation

Wenn der Schalter 1 ($a = \mathrm{L}$) geschlossen ist, so ist der Schalter 2 ($\bar{a} = 0$) geöffnet, die Glühlampe brennt nicht und umgekehrt.

Diese offensichtlichen Analogien zwischen den Grundbegriffen der Algebra der Logik und den einfachen elektrischen Schaltungen führte zu Bezeichnungen wie Schaltalgebra und logische Schaltungen. Nachfolgend werden einige Regeln und Beziehungen mit den Schaltungssymbolen als Beispiele erläutert.

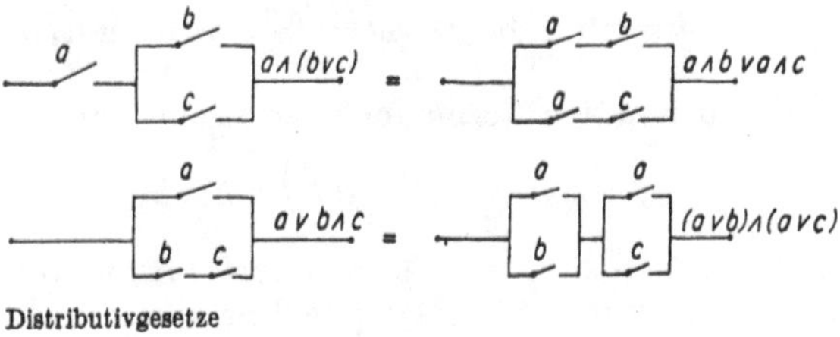

Abb. 2-4. Distributivgesetze

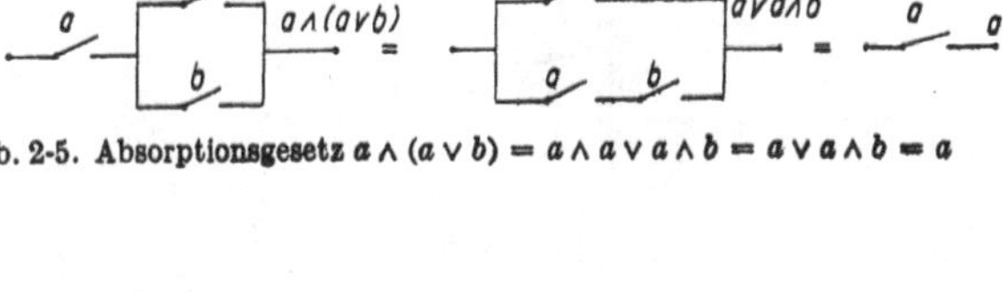

Abb. 2-5. Absorptionsgesetz $a \wedge (a \vee b) = a \wedge a \vee a \wedge b = a \vee a \wedge b = a$

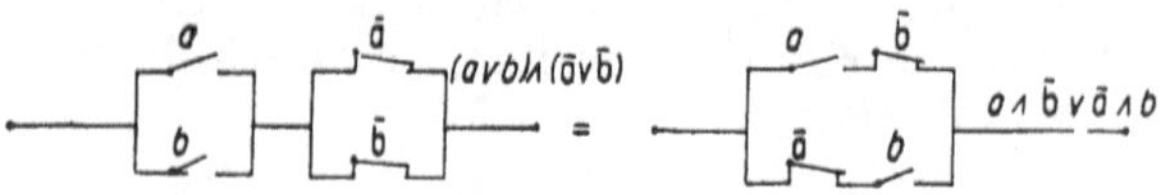

Abb. 2-6. Antivalenz

Die Antivalenz stellt das „exklusive oder" dar: Wenn a oder b geschlossen sind, fließt Strom; wenn beide geschlossen sind, fließt kein Strom!

Zum Entwurf von logischen Schaltungen verwendet man zunächst die *disjunktive Normalform*, eine logische Summe von logischen Produkten, in denen jeweils alle Variablen in nicht negativer oder negativer Form auftreten. Danach werden Vereinfachungen zur Minimierung des technischen Aufwandes durchgeführt. Um das Prinzip zu erkennen, betrachten wir als Beispiel die Verknüpfungen Anti- und Äquivalenz.

		A	*B*	
a	0	L	0	L
b	0	0	L	L
c	0	L	L	0

Aus der Tabelle ist ersichtlich, daß $c = \mathrm{L}$ nur für A: $(a = \mathrm{L},\ b = 0)$ oder B: $(a = 0,\ b = \mathrm{L})$ gilt, sonst ist $c = 0$.

Die disjunktive Normalform wird gebildet:

$$c = A \vee B = a \wedge \bar{b} \vee \bar{a} \wedge b,$$

und damit erhalten wir den Ausdruck für die Antivalenz. Analog kann man für die Äquivalenz erhalten:

$$d = a \wedge b \vee \bar{a} \wedge \bar{b}.$$

a	0	L	0	L
b	0	0	L	L
d	L	0	0	L

Wir wollen dies zur Konstruktion eines Addierwerkes für eine Dualziffernstelle ausnutzen. Für die ν-te Dualziffernstelle einer Dualzahl ergibt sich die Addiertabelle

a_ν	0	L	0	L
b_ν	0	0	L	L
s_ν	0	L	L	0
$ü_\nu$	0	0	0	L

Die Summe s_ν läßt sich als Antivalenz, der Übertrag $ü_\nu$ als Konjunktion der dualen Summandenziffern a_ν und b_ν darstellen:

$$s_\nu = a_\nu \wedge \bar{b}_\nu \vee \bar{a}_\nu \wedge b_\nu,$$

$$ü_\nu = a_\nu \wedge b_\nu .$$

Damit können wir mit unserer eingeführten Schaltertechnik (Relais) ein Addierwerk realisieren. Es wird *Halbadder* genannt, da der Übertrag der vorhergehenden

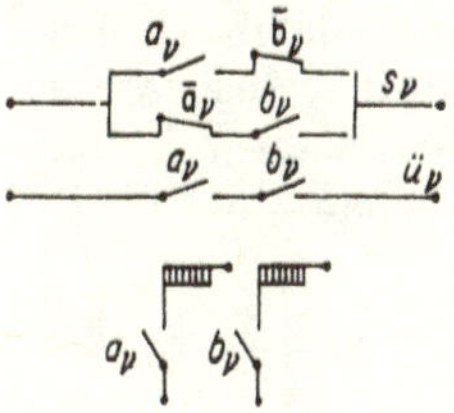

Abb. 2-7. Halbadder

(ν — 1)-ten Dualstelle nicht berücksichtigt wurde. Entsprechend ergibt sich das Addierwerk für eine Dualziffernstelle mit Übertrag $ü$ aus der vorhergehenden Dualstelle (*Adder*):

a	0	L	0	L	0	L	0	L
b	0	0	L	L	0	0	L	L
$ü$	0	0	0	0	L	L	L	L
s	0	L	L	0	L	0	0	L
$ü^+$	0	0	0	L	0	L	L	L

Die disjunktive Normalform von Summe s und dem Übertrag $\ddot{u}^+$ für die folgende Dualstelle ergibt sich aus:

$$s = (a \wedge \bar{b} \wedge \bar{\ddot{u}}) \vee (\bar{a} \wedge b \wedge \bar{\ddot{u}}) \vee (\bar{a} \wedge \bar{b} \wedge \ddot{u}) \vee (a \wedge b \wedge \ddot{u}),$$

$$\ddot{u}^+ = (a \wedge b \wedge \bar{\ddot{u}}) \vee (a \wedge \bar{b} \wedge \ddot{u}) \vee (\bar{a} \wedge b \wedge \ddot{u}) \vee (a \wedge b \wedge \ddot{u}). \tag{2-1}$$

Die Darstellung von $\ddot{u}^+$ kann wie folgt vereinfacht werden:

$$\begin{aligned} \ddot{u}^+ &= [(b \wedge \bar{\ddot{u}}) \vee (\bar{b} \wedge \ddot{u}) \wedge a] \vee [(\bar{a} \vee a) \wedge (b \wedge \ddot{u})] \\ &= [(b \wedge \bar{\ddot{u}}) \vee (\bar{b} \wedge \ddot{u}) \wedge a] \vee (b \wedge \ddot{u}) = (b \vee \ddot{u}) \wedge a \wedge (b \wedge \ddot{u}) \\ &= a \wedge b \vee a \wedge \ddot{u} \vee b \wedge \ddot{u}. \end{aligned} \tag{2-2}$$

Der technische Aufwand wird sich bei der vereinfachten Darstellung für $\ddot{u}^+$ reduzieren (Minimierung). Die Schaltskizze ergibt sich wie oben.

Es sei hier nichts zu den zahlreichen technischen Realisierungen von Schaltern und logischen Gliedern gesagt, die mit elektronischen Bauelementen (Röhren, Transistoren, Dioden) entwickelt wurden. Insbesondere sind Verknüpfungsglieder entstanden, deren Wirkungsweisen aus der Abb. 2-8 unmittelbar verständlich sind:

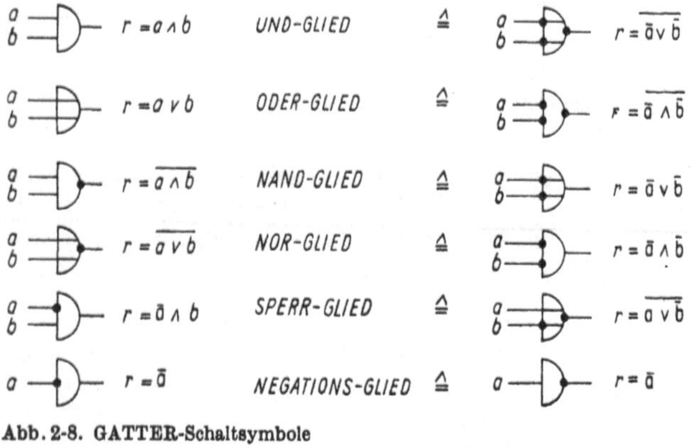

Abb. 2-8. GATTER-Schaltsymbole

Regel: Beim äquivalenten Symbol sind Punkt und „Nichtpunkt“ sowie UND-Glied und ODER-Glied vertauscht. Mit diesen Symbolen soll das einstellige Dualaddierwerk erneut zusammengeschaltet werden:

$$s = (a \wedge \bar{b}) \vee (\bar{a} \wedge b), \qquad s = (a \vee b) \wedge \left(\overline{a \wedge b}\right),$$

$$\ddot{u} = a \wedge b, \qquad \ddot{u} = a \wedge b.$$

Wenn wir für die Summe $s = (a \wedge \bar{b}) \vee (\bar{a} \wedge b)$ und für den Übertrag $\ddot{u} = a \wedge b$ setzen, so brauchen wir vier Schaltglieder. Verwenden wir dagegen für

$$s = (a \vee b) \wedge \left(\overline{a \wedge b}\right),$$

so reichen für den Halbadder drei Schaltglieder.

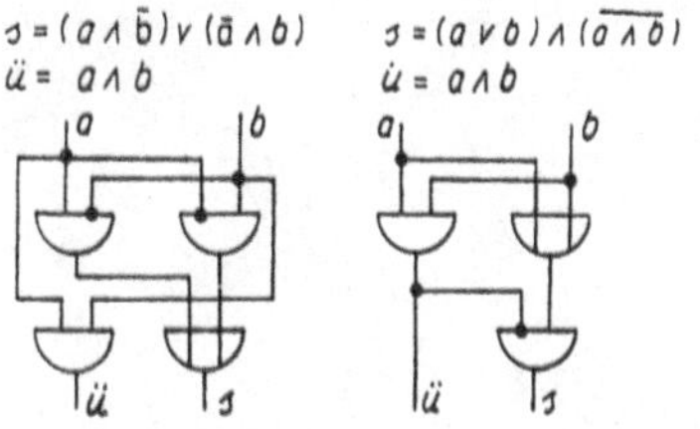

Abb. 2-9. Halbadder mit GATTER-Verbindungen

Wir können auch den Adder aus den Gattern aufbauen, wenn wir (2-1) zunächst wie folgt umformen:

$$s = [a \wedge (\bar{b} \wedge \bar{\ddot{u}}) \vee (b \wedge \ddot{u})] \vee [\bar{a} \wedge (b \wedge \bar{\ddot{u}}) \vee (\bar{b} \wedge \ddot{u})]$$

$$= [a \wedge \bar{h}] \vee [\bar{a} \wedge \bar{h}] \quad \text{mit} \quad h = (b \wedge \bar{\ddot{u}}) \vee (\bar{b} \wedge \ddot{u})$$

$$= (b \vee \ddot{u}) \wedge \left(\overline{b \wedge \ddot{u}}\right) \text{ oder}$$

$$s = (a \vee h) \wedge (\bar{a} \vee \bar{h}) = (a \vee h) \wedge \left(\overline{a \wedge h}\right).$$

Für den Übertrag $\ddot{u}^{+}$ ergibt sich aus (2-2) mit $r = b \wedge \bar{\ddot{u}}$:

$\ddot{u}^{+} = (h \wedge a) \vee r = r \vee (a \wedge h)$.

Diese Beziehungen für s und $ü^+$ werden in folgender Schaltung realisierbar:

Für den Halbaddierer verwenden wir das Prinzipbild

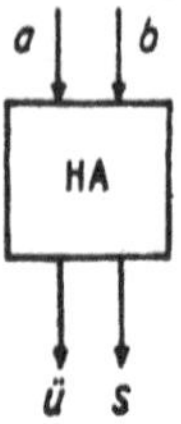

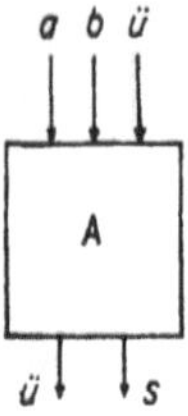

Prinzipbild des Adders

Dann läßt sich der Adder wie folgt darstellen:

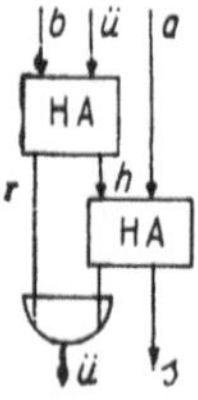

Abb. 2-10. Adder

Auf diesen kurz dargelegten Prinzipien beruht der Aufbau von Schaltsystemen für die einzelnen Baugruppen der Rechenautomaten.

3. Aufbau und Arbeitsweise von Datenverarbeitungsanlagen

3.1. Einführung der grundlegenden Begriffe

Eine einfache Berechnung kann von einem Menschen als Rechner, der mit einer Tischrechenmaschine und einem Notizblock ausgestattet ist, bewältigt werden. Zunächst werden dabei eine Rechenvorschrift und die

Eingangswerte vom menschlichen Rechner auf den Notizblock geschrieben. Danach erfolgt die Berechnung, indem entsprechend den einzelnen Anweisungen der Rechenvorschrift mit den Eingangs- und entstehenden Zwischenwerten vom menschlichen Rechner gerechnet wird. Dabei werden die Zwischen- und Endergebnisse ebenfalls auf dem Notizblock festgehalten. Aus dem vorstehenden Vergleich werden auch der prinzipielle Aufbau und die Arbeitsweise einer DV-Anlage deutlich. Dabei werden der menschliche Rechner mit seinen koordinierenden Eigenschaften durch ein Steuerwerk (Leitwerk), der Tischrechner durch ein Rechenwerk und der Notizblock durch einen Speicher ersetzt. Hinzu kommen Geräte für die Ein- und Ausgabe von Zahlen und Anweisungen. Entsprechend den formulierten Aufgaben besteht demnach jede DV-Anlage aus fünf Baugruppen:

Eingabe, Speicher, Steuerwerk, Rechenwerk, Ausgabe.

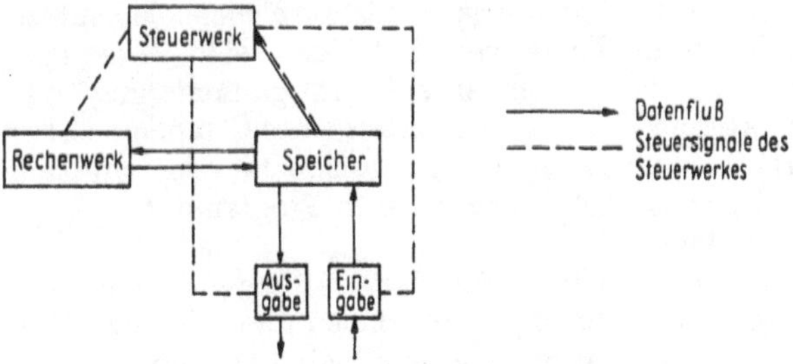

Abb. 3-1. Baugruppen einer programmgesteuerten Digitalrechenanlage

Wir wollen unter einer *programmgesteuerten Digitalrechenanlage* eine Maschine verstehen, die nach einem vorgegebenen Programm in der Lage ist, informationstragende Daten (Zahlen, Texte, Befehle) nach arithmetischen und logischen Regeln automatisch zu verarbeiten.

Es sollen digitale Anlagen betrachtet werden, in denen die die Informationen tragenden Daten binär verschlüsselt sind und mittels arithmetischer und logischer Gesetze verarbeitet werden. Daneben existieren *Analogrechner*, bei denen die Daten durch ihnen analoge physikalische Größen realisiert werden (Längen beim Rechenschieber, elektrische Spannungen und Ströme beim Analogrechner).

Die wichtigste Eigenschaft ist die *Programmsteuerung*. Sie löst die Aufgabe, erforderliche Daten in die Anlage ein- und auszubringen, sie zu speichern und zu verarbeiten. Dieser Prozeß erfolgt nach einem vorgegebenen Programm automatisch ohne Eingreifen des Menschen. Das Programm läßt sich mit jeweils anderen Daten beliebig oft wiederverwenden.

Dabei organisiert das Steuerwerk den Programmablauf durch Abarbeitung von Elementaroperationen, den *Befehlen* [s. Abschn. 3.5.3.]. Ein Befehl wird zunächst entschlüsselt und veranlaßt dann die Ausführung einer ihm entsprechenden Operation (z. B. Addition). Jede Anlage besitzt eine eigene Liste solcher elementarer Befehle. Eine Folge von Befehlen heißt *Maschinenprogramm*, das durch direkte Programmierung oder automatische Übersetzung mittels eines Compilers (Übersetzer) aus einem in einer maschinen- oder problemorientierten Sprache geschriebenen Programm hergestellt werden kann.

Es soll noch bemerkt werden, daß diese Anlagen umfangreiche Datenmengen aufnehmen und mit ungewöhnlich hoher Geschwindigkeit verarbeiten können.

Die Bezeichnung Rechenanlagen (englisch: *Computer*) rührt von ihren ersten Anwendungsgebieten her: Behandlung umfangreicher numerischer Rechnungen zur Lösung wissenschaftlich-technischer Aufgaben. Der Name *Datenverarbeitungsanlage* (DVA) bezieht sich auf die Tatsache, daß sie ein physikalisches System — bestehend aus Baueinheiten einer bestimmten Gerätekonfiguration — realisiert, welches die umfassenderen Probleme der Datenverarbeitung (auch der nichtnumerischen) lösen hilft.

3.2. *Anlagen des ESER*

Der logisch-funktionelle Aufbau und die Arbeitsweise einer DV-Anlage des ESER wird durch folgendes Schema sichtbar, wobei die Abgrenzung der schneller arbeitenden Zentraleinheit von der langsamer arbeitenden Peripherie hervorgehoben wird.

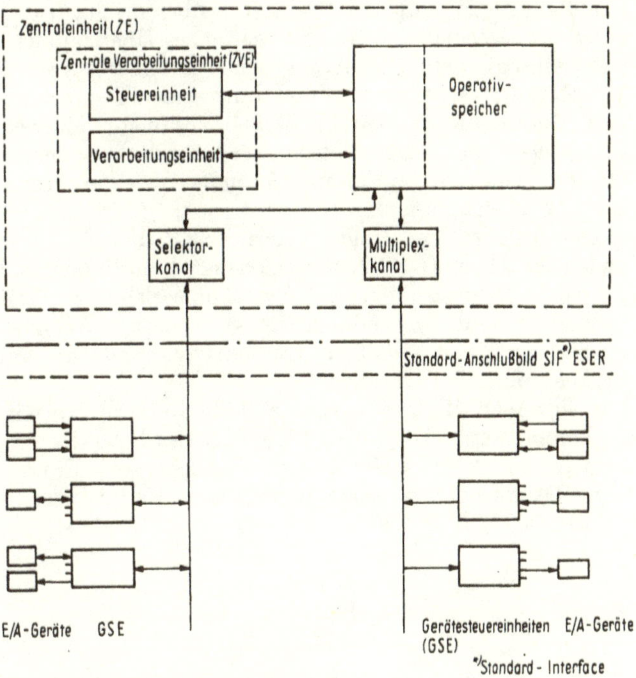

Abb. 3-2. Struktur der DVA des ESER

Dabei umfaßt die *Zentraleinheit* (ZE) die Zentrale Verarbeitungseinheit (*Prozessor*), den Operativspeicher mit der Zugriffsvermittlung und die Kanäle. Unter *Zentraler Verarbeitungseinheit* (ZVE) wird eine Funktionseinheit verstanden, die das *Steuer-* und das *Rechenwerk* (*Verarbeitungseinheit*) umfaßt. Im *Operativ-* oder *Hauptspeicher*, zu dem die ZVE und über die Kanäle die Ein- und Ausgabegeräte direkten Zugriff haben, werden die Daten aufbewahrt. In ihm befinden sich auch die Programme, nach denen das Steuerwerk die Verarbeitung von Daten im Rechenwerk bewerkstelligt. Über die Kanäle erfolgt der Datenaustausch zwischen der ZE und den vielfältigen peripheren Geräten, wobei am *Multiplexkanal* vorwiegend Geräte mit geringen Übertragungsgeschwindigkeiten (Lochband- und Lochkartengeräte, Drucker, Abfrageeinheiten) und am *Selektorkanal* schnellere Geräte (Magnetband-, Magnettrommel-, Magnetplattenspeicher) angeschlossen werden. Die peripheren Geräte vermitteln die Ein- und Ausgabe sowie die externe Zwischenspeicherung von Informationen.

Die Anlagen der Reihe 1 des ESER bestehen aus vielen einzelnen Geräten verschiedener Funktionen und Leistung. Dazu gehören auch Systemunterlagen zu ihrer Steuerung und Anwendung. Einige wichtige Angaben zu den einzelnen Modellen entnimmt man aus der auf Seite 49 folgenden Übersicht.
Die einzelnen Modelle werden ständig weiterentwickelt. So kommt beispielsweise ab 1976 statt des R 20 der verbesserte R 22 (ES 1022) aus der UdSSR zum Einsatz (Op.-Geschwindigkeit 80000 [Op/s], max. Hauptspeicherkapazität 512 K Bytes).

3.3. *Ein- und Ausgabe*

3.3.1. E/A-*Geräte*

Die Geräte der Ein- und Ausgabe (E/A) vermitteln die Beziehungen zwischen dem Menschen oder dem Prozeß und der Datenverarbeitungsanlage. Mit ihrer Hilfe können Zahlen und Befehle in die Anlage eingegeben

Modell	R 10	R 20	R 20 A	R 30	R 40	R 50
ESER-Nr.	ES 1010	ES 1020	ES 1021	ES 1030	ES 1040	ES 1050
Entwickler- und Herstellerland	UVR	UdSSR VRB	ČSSR	UdSSR VRP	DDR	UdSSR
Kapazität des Operativspeichers						
8 K Bytes	×					
16 K Bytes	×		×			
32 K Bytes	×		×			
64 K Bytes	×	×	×			
128 K Bytes		×		×		
256 K Bytes		×		×	×	×
512 K Bytes				×	×	×
1024 K Bytes					×	×
Operationsgeschwindigkeit [Op/s]	5000	9000	7000	60000	380000	500000
max. Selektorkanäle	–	2	2	3	6	6
Subkanäle zum Multiplexkanal	–	40–104	16	128 b is 256	128 bis 256	192 bis 256

und Resultate sowie Informationen über den Ablauf der Rechnung ausgegeben werden.

Die einzugebende Information (Zahlen, Befehle, Texte) wird bei den meisten Anlagen in verschlüsselter Form auf Lochkarten bzw. Lochstreifen gebracht. *Lochkarten-* bzw. *Lochstreifenleser* verwandeln dann die Daten mittels elektromechanischer oder photoelektrischer Prinzipien in elektrische Impulsfolgen, die im allgemeinen über Puffer in die Speicher gelangen. Die Puffer sind Zwischenspeicher, die während der Eingabe — und auch während der Ausgabe — die Ein- und Ausgabegeräte unabhängig vom Speicher arbeiten lassen.

Die Eingabe kann in speziellen Fällen von Hand über eine Schreibmaschine am Bedienungstisch (Steuerpult) oder auch mittels Geräten der Daten(fern)übertragung erfolgen.

Die Ausgabe der Ergebnisse kann wieder über Puffer, vermittelt durch *Lochkarten-* bzw. *Lochstreifenstanzer*, geschehen. Weiterhin werden *Paralleldrucker* mit hoher Ausgabegeschwindigkeit angeschlossen, um ein lesbares Ergebnis zu erhalten.

Die Arbeitsgeschwindigkeit verschiedener E/A-Geräte des ESER betragen:

Lochkartenleser für 80-Spalten-Lochkarte liest	600—1200 Karten/min
Lochkartenstanzer für 80-Spalten-Lochkarte stanzt	100— 250 Karten/min
Lochstreifenleser für 8-Kanal-Lochstreifen liest	1500 Zeichen/s
Lochstreifenstanzer für 8-Kanal-Lochstreifen stanzt	150 Zeichen/s.

Die Druckgeschwindigkeiten der Paralleldrucker liegen bei einem Vorrat von 64 bis 96 Zeichen zwischen 700 und 1100 Zeilen/min, wobei 1 Zeile aus maximal 128 bzw. 160 Druckpositionen besteht.

Zu E/A-Geräten gehören ferner Markierungs- und Belegleser, die stilisierte Zeichen zu lesen gestatten, sowie Bildschirmsysteme und Zeichengeräte. Schließlich eröffnen die Datenfernverarbeitung und die Konzeption von Rechnernetzen weitere Möglichkeiten gerätetechnischer Verbindungen zum Zwecke der Informationsverarbeitung.

3.3.2. E/A-*Systeme*

Bei DVA der 3. Generation spricht man auf Grund der Vielfalt der E/A-Geräte und ihrer unterschiedlichsten Aufgaben von *E/A-Systemen*. Zu ihnen gehören die Kanäle, die Gerätesteuereinheiten sowie die angeschlossenen Geräte. Ihre Aufgabe besteht in der Verwirklichung von Informationsübertragungen von und zum Operativspeicher, die nicht in der ZE erfolgen. Die peripheren Geräte arbeiten relativ unabhängig von der ZE. Die Steuergeräte gestatten die Ausführung eigener Programme, die die Abläufe der E/A organisieren. Die Kanäle stellen über ein *Standardanschlußbild* die Verbindung zur ZE her. Bei den Anlagen des ESER werden ein Multiplexkanal und 2 bis 6 Selektorkanäle verwendet, die sich durch ihre Funktionsweise unterscheiden.

Multiplexkanal

Der Multiplexkanal besteht aus einer Reihe von Subkanälen, mit denen sich eine simultane Arbeit der ZE mit peripheren Geräten erreichen läßt (Multiplexbetrieb). Bei dieser Arbeitsweise können gleichzeitig mehrere E/A-Geräte ihre Operationen ausführen. Besonders geeignet für die Arbeitsweise sind Geräte mit langsamen Übertragungsgeschwindigkeiten. Der Multiplexkanal kann auch mittels einer programmtechnischen Maßnahme für den Anschluß eines einzelnen Gerätes genutzt werden (Stoßbetrieb).

DVA	(Multiplex-kanal)	Anzahl der Subkanäle	Anzahl der adressierbaren Geräte	Übertragungsgeschwindigkeiten (Bytes/s)	
				Multiplex-betrieb	Stoßbetrieb
R 20		40 oder 104	160 oder 224	12000 bis 20000	100000 bis 140000
R 40	(ES 4011)	128 oder 256	256	20000 bis 25000	180000 bis 720000

Selektorkanal

Jeder Selektorkanal gestattet während eines Arbeitsablaufes nur den Anschluß eines Gerätes, wobei die schnellen Geräte der 1. Peripherie (Magnetband-, Magnettrommel-, Magnetplattenspeicher) bevorzugt sind. Er arbeitet im Stoßbetrieb. Die E/A-Operationen des Selektorkanals laufen parallel mit den Operationen der ZE.

DVA	(Selektorkanal)	Anzahl der Selektorkanäle	Anzahl der adressierbaren Geräte	Übertragungsgeschwindigkeit (Bytes/s)
R 20	(ES 2420)	1–2	je Kanal 256	200000–300000
R 40	(ES 4034)	2–6	je Kanal 256	300000–1.3 Mio

Standardanschlußbild

Für die Verwendung unterschiedlicher Geräte im E/A-System ist eine Standardisierung der technischen Anschlußbedingungen erforderlich (Übereinstimmung der elektrischen Parameter, Anzahl der Kabelverbindungen, standardisierte Signalfolgen u. a.). Dies geschieht über das Standardanschlußbild, z. B. SIF ESER.

3.4. *Speicher*

Zur Aufbewahrung von Informationen in einer Rechenanlage dienen die Speicher. Man unterscheidet zwischen dem inneren (Operativ- oder Hauptspeicher, zur Zentraleinheit gehörend) und externen Speichern. Beim Menschen ist das Gedächtnis der innere Speicher. Jener benutzt aber noch viele andere äußere Einrichtungen für die Speicherung der notwendigen Informationen (Tabellenwerte, Kataloge, Bücher).

3.4.1. *Hauptspeicher*

Die Speichereigenschaften einer DV-Anlage bestimmen wesentlich ihre Leistungsfähigkeit. Wichtige Parameter sind dabei Kapazität und mittlere Zugriffszeit.

Unter *Speicherkapazität* versteht man das Fassungsvermögen eines Speichers, d. h. die Anzahl der vorhandenen Bit und damit der Worte bzw. Zeichen. Die Speicherkapazität wird in „Bit", in „Worte" oder in „Zeichen" angegeben. Häufig erfolgt die Angabe in K Bytes, wobei 1 K = 1024 = 2^{10} entspricht. In den Haupt- oder Operativspeichern der modernen DVA läßt sich die Kapazität je nach den Anforderungen stufenweise erweitern, ohne daß andere Baugruppen beeinflußt werden. Derartige Stufen sind zum Beispiel:

8 K Bytes = 8192 Bytes
16 K Bytes = 16384 Bytes
32 K Bytes = 32768 Bytes
64 K Bytes = 65536 Bytes
256 K Bytes = 262144 Bytes
512 K Bytes = 524288 Bytes

Bei den Anlagen des ESER besteht 1 Byte aus acht Datenbit und einem Prüfbit. Es bildet die kleinste addressierbare Einheit im Hauptspeicher. Die Speicherkapazität des menschlichen Gehirns beträgt ca. 10 Mrd. Bit.

Die *Zugriffszeit* ist die Zeitspanne zwischen dem Aufruf einer Speicheradresse bis zur Beendigung des Lesevorganges. Sie ist ein wichtiges Merkmal für die Arbeitsgeschwindigkeit des Rechners (R 20: 1 µs, R 40: 0,45 µs). Die Zugriffszeit wächst naturgemäß, wenn die Kapazität und damit der Datenumfang zunehmen. Man baut deshalb Speicherhierarchien auf, wobei die internen Operativspeicher mit Zugriffszeiten, die den Rechengeschwindigkeiten angepaßt sind, das Rechen- und Steuerwerk versorgen.

Die Operativspeicher haben also niedrige Zugriffszeiten und eine angemessene Kapazität. Die Speicher sind in adressierbare Zellen aufgeteilt, so daß man die Inhalte im Prinzip einzeln erreichen kann. Ferner müssen die

Speicherinhalte auch erhalten bleiben, wenn die Anlage ausgeschaltet wird.

Die technische Realisierung der Speicherung in den Rechenanlagen beruht meistens auf ferromagnetischen Prinzipien. So werden die internen Hauptspeicher als *Magnetkernspeicher* ausgebildet. Als externe Speicher werden meistens *Magnetschichtspeicher*, ausgeführt als *Magnetbänder, -platten* oder *-trommeln*, verwendet.

Die gebräuchlichsten Elemente für schnelle Operativspeicher sind Magnetkerne aus ferromagnetischen Materialien, die imstande sind, zwei magnetisch-stabile Zustände (0 oder L) einzunehmen. Die Kerne, die jeweils ein Bit aufnehmen können, werden zu Matrizen (Ebenen) zusammengeschaltet und diese zu räumlichen Speichergruppen aneinandergereiht. Ein solcher Kernspeicherblock baut sich gewöhnlich aus l rechteckigen Ebenen mit je M Kernen auf. Er enthält dann M Worte mit je l Bit.

3.4.2. Externe Speicher

Zur Speicherung umfangreicher Datenmengen sowie von Programmen und Programmsystemen werden hauptsächlich externe Speicher verwendet. Dabei unterscheidet man zwischen Speichern mit wahlfreiem Zugriff, deren Zugriffszeit im ms-Bereich liegt (*Magnettrommel-* und *Magnetplattenspeicher*) und Speichern mit sequentiellem Zugriff, deren Zugriffszeit im s-Bereich liegt (*Magnetbandspeicher*).

Magnetbandspeicher wurden schon bei Anlagen der 2. Generation verwendet. Auf einem ca. 500 bis 1000 m langen Band mit einer Breite von $^1/_2$ Zoll werden die Informationen auf eine einseitige Magnetschicht ($\frac{1}{100}$ mm Stärke) gebracht, wobei die Zeichen quer zur Längsrichtung nebeneinanderstehen. Sie sind nicht direkt addressierbar, die Daten müssen in Blöcken übertragen werden. Die Übertragungsgeschwindigkeit zur ZE liegt bei 64 K Bytes/s. In der Regel werden 4 bis 8 Magnetbandgeräte an eine Steuereinheit angeschlossen.

Bei Magnettrommelspeichern, die schon in der 1. Generation eingesetzt wurden, werden die Informationen auf die Magnetschicht einer umlaufenden Metalltrommel gespeichert. Die Daten werden durch Lese- und Schreibköpfe, die unmittelbar über der Magnetschicht angebracht sind, gelesen oder geschrieben. Die Trommel ist in Bahnen eingeteilt, diese in Zellen, die direkt adressierbar sind. Damit ist die Trommel auch als Arbeitsspeicher verwendbar. Bei den neueren Anlagen wird sie jedoch wegen der langsamen Zugriffszeit (Millisekunden) extern über ein Steuergerät angeschlossen und als Großraumspeicher mit relativ großer Kapazität verwendet.

Im ESER sind zwei Magnettrommelspeicher entwickelt worden.

Beim Magnetplattenspeicher sind auf einer senkrechten Achse mehrere Platten mit beidseitiger Magnetschicht übereinander angebracht. Diese „Plattenstapel" sind beim *Wechselplattenspeicher* auswechselbar bzw. beim *Festplattenspeicher* fest und haben eine Kapazität von 7.2 bis 29 Mio Bytes bzw. 100 Mio Bytes. Lese- und Schreibvorgänge erfolgen mit Hilfe eines horizontal schwenkbaren Zugriffkamms mit Lese- und Schreibköpfen für sämtliche Ober- und Unterseiten der Platten. Der Kamm hat gleichzeitig zu allen *Spuren* gleichen Durchmessers, die man zusammengefaßt als *Zylinder* bezeichnet, Zugriff. Die Umdrehungszeiten liegen bei 2400 U/min, die Zugriffszeit bei einigen 100 ms.

In vielen Anlagen schon der 2. Generation ist die externe Speicherkapazität praktisch unbegrenzt.

3.4.3. Register

Auch in der ZVE sind Speichereinrichtungen, die Register, vorgesehen. Sie haben die Aufgabe, kurzfristig einzelne Werte abzuspeichern, die dann zur Verarbeitung bereit stehen.

Beispiele solcher Register sind:

Befehlsregister	zur Speicherung des auszuführenden Befehls,
Befehlszähler	zur Speicherung der Adresse des nächsten abzuarbeitenden Befehls,
Adreßregister	zur Speicherung der Adressen von Befehlen und Operanden,
Operandenregister	zur Speicherung der Operanden und der Resultate.

Beim Ausschalten der Anlage werden ihre Inhalte meistens gelöscht.

Eine besondere Bedeutung im Zusammenhang mit der Speicherung von Elementarzuständen hat die Flip-Flop-Schaltung, eine bistabile Kippschaltung, erlangt. Ein *Flip-Flop* nimmt in Abhängigkeit vom Eingabesignal nur einen von zwei Zuständen an und kann somit als Speicher von 1 Bit verwendet werden (Test-Flip-Flop).

3.5. *Zentrale Verarbeitungseinheit*

In der ZVE werden die Funktionen der Verarbeitung von Informationen und der zur Steuerung der in der Anlage ablaufenden Prozesse ausgeführt. Die Einrichtungen der ZVE realisieren die Adressierung des Operativspeichers, das Lesen und Speichern von Daten sowie deren arithmetische oder logische Verarbeitung. Sie sorgen für die Ausführung der Befehle in der programmierten Reihenfolge und für das logische Herstellen der Verbindungen zwischen dem Operativspeicher und den peripheren Geräten. Sie realisieren die Aufgaben des Rechen- und Steuerwerkes der Anlagen der ersten und zweiten Generation.

3.5.1. Verarbeitungseinheit

Die Verarbeitungseinheit führt die vier arithmetischen Grundrechenarten, logische Operationen und Verschiebungen durch. Die Transporte innerhalb des Hauptspeichers und der Register werden häufig auch über die Verarbeitungseinheit mittels Operationen ohne Verknüpfungen ausgelöst. Die Abläufe in der Verarbeitungseinheit sind eng mit dem Steuerwerk verbunden. Die Zahlen werden beispielsweise aus dem Operativspeicher in die Operandenregister (Schnellspeicher) gebracht und dort zum Ergebnis verarbeitet, das im Resultatregister erscheint (s. Abschn. 3.5.3.2.). Für die arithmetischen Verknüpfungen der Daten stehen bei Anlagen der 3. Generation je nach Format der Zahlen eine entsprechende duale Festkomma-, Gleitkomma- und eine Dezimalarithmetik mit Registern zur Verfügung.

Das Rechenwerk besteht aus Registern und einer Vielzahl von logischen Schaltkreisen, die sich aus Addern (s. Abschn. 2.4.2.), Komplementierwerken und anderen Grundelementen zusammensetzen.

Subtraktion, Multiplikation und Division werden auf die Addition zurückgeführt. Es gibt Anlagen, die neben Addier- auch über Multipliziereinheiten verfügen.

Die logischen Operationen dienen dem Größenvergleich zweier Variablen x und y (z. B. $x = y$, $x < y$, $x \geqq y$).

Diese Fähigkeit des Vergleichens und die davon abhängige Programmsteuerung sind charakteristisch für die Arbeitsweise einer DVA.

In einem im Parallelbetrieb arbeitenden Rechner, wo alle Bit oder Zeichen eines Wortes gleichzeitig in einem eigenen Kanal übertragen und verarbeitet werden, wird für jede Dualziffernstelle ein Adder benötigt. Dies ist eine Grundkonzeption für sehr schnelle oder aufwendige Rechenwerke.

In Rechnern mit Serienbetrieb werden die Bit (oder Zeichen) eines Wortes nacheinander abgearbeitet und auf einen Kanal übertragen, was zu langsameren Rechengeschwindigkeiten führt. Im Rechenwerk werden die Dualziffernstellen dabei nacheinander in einem Adder abgearbeitet. Der Übertrag wird bis zur Addition der nächsten Dualstelle mit Hilfe einer Verzögerungsschaltung aufgehalten. Insgesamt ist der Aufwand bei derartigen Rechnern geringer.

3.5.2. Steuereinheit

Die Steuereinheit oder das Steuerwerk erfüllt die kompliziertesten Funktionen einer DVA. Es soll die anderen Einheiten der Anlage so steuern, daß alle vorgesehenen Operationen in ihrer zeitlichen Reihenfolge und ihrem logischen Aufbau richtig ausgeführt werden.

Prinzipiell kann man die Anlage extern durch eingebaute oder gespeicherte Programme steuern. Die *externe Steuerung* geschieht über ein Steuerpult, von dem aus einzelne Befehle in den Automaten eingegeben werden. Sie wird selten angewendet und beschränkt sich auf Einzelaufgaben wie Starten und Anhalten der DVA oder Prüfen von Programmteilen.

Eingebaute Programme werden in der technischen Konstruktion durch festverdrahtete Befehlsfolgen realisiert, wobei die Anlage dann einen fest vorgegebenen Zyklus von Operationen durchläuft. Solche festverdrahteten Steuerelemente sind auch austauschbar. Für die Arbeitsweise einer modernen DVA ist wesentlich, daß die Programme zur Steuerung gespeichert werden. In den ersten Anlagen geschah das extern durch Lochstreifen, von denen das Steuerwerk die Befehle der Reihe nach ablas und ausführte. Diese Arbeitsweise findet man bei den numerisch gesteuerten Werkzeugmaschinen (NC-Maschinen).

Heutzutage werden die Programme in den Speichern intern aufbewahrt; man spricht von *speicherprogrammierten Anlagen*. Demnach wird das Programm in einem Arbeitsgang von der Eingabeeinheit in einen Speicher gebracht, und mittels des Steuerwerkes bewirkt es den automatischen Ablauf des Informationsverarbeitungsprozesses. Diese Arbeitsweise charakterisiert den universellen Charakter einer modernen DVA. Sie ist ihrer technisch-logischen Konzeption nach eine *Universal-Maschine* (Vielzweck-Maschine), vielseitig einsetzbar, und erst durch das gespeicherte Programm wird sie zur Erledigung eines bestimmten Zweckes genutzt.

Zur Steuerung des zeitlichen Ablaufes der Operationen durch die anderen Einheiten der DVA muß das Steuerwerk auch klar definierte Anweisungen erhalten. Das geschieht durch die Befehle, die im Speicher aufbewahrt werden. Mittels eines *Befehlszählregisters* erfolgt das Ablesen der Befehle aus dem Speicher in ein *Befehlsregister*. Der *Befehl* ist ein Maschinenwort, das aus Operations- und Adreßteil besteht (s. auch Abschn. 3.5.3.). Er wird im Befehlsregister entschlüsselt und veranlaßt, daß arithmetische, logische oder organisatorische Operationen ausgeführt werden. Durch Signale vom Steuerwerk werden die Operationen in der Verarbeitungseinheit oder in peripheren Geräten ausgelöst. Deren Ausführung wird dann dort gesteuert. Befiehlt der Operationsteil beispielsweise die Operation „Addition" (ADD), so wird im Rechenwerk ein Mikroprogramm für die Addition gestartet, dessen Ablauf dort durchgeführt und kontrolliert wird. Zur Befehlsabarbeitung siehe auch Abschn. 3.5.3.3.

Programmzustandswort und Unterbrechungssystem

Bei Anlagen der 3. Generation wird die Aufgabe, die Reihenfolge der Befehlsabarbeitung zu steuern und den laufenden Zustand der Anlage während des Programmlaufs anzugeben, von einem Programmzustandswort übernommen. Bei den Modellen des ESER umfaßt es 8 Bytes in internen Registern der ZVE.

Insbesondere werden damit die *Multiprogrammverarbeitung* oder *Programmunterbrechungen* reguliert, die einer Arbeit mit höherer Priorität den Vorrang geben. So kann die ZVE ein anderes Programm abarbeiten, wenn ein E/A-Vorgang eingeleitet ist. Das unterbrochene Programm wird fortgesetzt, wenn das externe Gerät die Arbeit beendet hat.

Unterbrechungen eines Programms werden ihren Ursachen entsprechend in fünf Klassen eingeteilt:

1. Externe Unterbrechungen:
   Eingriff vom Bedienpult oder durch externe Signale zwischen zwei ZE.
2. Supervisor-Unterbrechungen übermitteln den Übergang der Programmsteuerung an das Steuerprogramm des Betriebssystems.
3. Programmausnahme-Unterbrechungen gehen auf Programmfehler zurück (Überlauf, unerlaubte Adressen).
4. Maschinenfehlerunterbrechungen treten bei gerätetechnischen Unzulänglichkeiten auf (Prüfbitfehler).
5. Ein- und Ausgabe-Unterbrechungen finden statt, wenn ein E/A-Gerät seine Operation beendet hat oder eine Bedienung erforderlich ist.

Jeder Unterbrechungsklasse entsprechen zwei Programmzustandsworte, die auf dem Hauptspeicher auf festen Adressen abgespeichert werden. Bei einer Unterbrechung zeigt das steuernde Programmzustandswort die Ursachen an, stellt dem Anwenderprogramm Informationen zur Behandlung der Unterbrechung bereit und wird abgespeichert. Danach wird das dieser Unterbrechungsklasse entsprechende Programmstatuswort des Betriebssystems geladen, das die Steuerung übernimmt und eine geeignete Fehlerbehandlung durchführt. Wenn diese erfolgt ist, wird das „alte“ Programmzustandswort durch einen Befehl wieder eingesetzt und damit der „alte“ Zustand der ZVE, den sie vor der Unterbrechung hatte, wieder hergestellt. Durch Eintragungen (Maskierungen) im Programmstatuswort können Unterbrechungen auch unterdrückt werden.

3.5.3. *Der Befehl*

3.5.3.1. *Aufgabe und allgemeine Struktur*

Die DVA kann einen Algorithmus nur in einer übersetzten Folge für sie lesbarer Elementaroperationen (Befehle) verarbeiten. Es ist ein Wesenszug der Programmsteuerung, daß die im Programm aufgeschriebenen Befehle in der angegebenen Reihenfolge vom Steuerwerk automatisch aus dem Hauptspeicher aufgerufen und abgearbeitet werden. Dabei werden Befehle ähnlich wie Zahlen über eine digitale Verschlüsselung auf das Eingabemedium und mittels der Eingabe auf den Speicher übertragen. Jeder Befehl (eventuell auch mehrere) findet in einer Speicherzelle Platz; den Aufruf reguliert der Befehlszähler. Befehle können ebenfalls numerisch von der Anlage verändert werden. Wenn die Befehle in der Reihenfolge ihrer Speicherung abgearbeitet werden, so spricht man von einem *linearen Programm* (Geradeaus-Programm).

Im allgemeinen hat ein Befehl folgenden Aufbau:

Operationsteil	Adressenteil	Zusätze

Der Operationsteil enthält die vom Befehl auszuführende Operation (z. B. arithmetische Operationen oder innerer Transport), der Adressenteil eine oder mehrere Adressen der Operanden (Operandenadresse) und gegebenenfalls Anweisungen für Veränderungen dieser Adresse. Die Adresse im Operativspeicher für die Zelle des Befehls wird Befehlsadresse genannt.

Im Zusatzteil sind Q-Zeichen zur Markierung, Prüfbit, Befehlszeichen und andere von der Anlagenkonzeption abhängige Zusätze vorgesehen.

Nach den möglichen Operationen unterscheidet man arithmetische, logische und organisatorische Befehle. Zu den arithmetischen Befehlen gehören: Additionsbefehl (ADD), Subtraktionsbefehl (SUB), Multiplikationsbefehl (MUL), Divisionsbefehl (DIV). Zu den logischen Befehlen gehören Vergleichs-(Test-)befehle und Sprungbefehle. Letztere ermöglichen es, den nächsten Befehl aus einer beliebigen Speicherzelle statt aus der jeweils folgenden Zelle des Speichers in das Steuerwerk zu holen. Damit kann ein lineares Programm verlassen werden, wie das bei Verzweigungen des PAP (s. Abschn. 5.) erforderlich werden kann.

Es gibt zwei Arten von Sprungbefehlen: den *unbedingten* und den *bedingten Sprung*. Bei ersterem wird diejenige Speicherzelle mit der in diesem Befehl angegebenen Adresse „angesprungen" und von dort aus das Programm linear fortgesetzt. Beim bedingten Sprungbefehl geht dem Fortgang des Programms ein Vergleich voraus. Ist eine für den speziellen Sprungbefehl bestimmte Bedingung erfüllt, so erfolgt weiterer Ablauf wie beim unbedingten Sprung. Ist die Bedingung nicht erfüllt, so bleibt der Sprungbefehl ohne Auswirkung, und das Programm wird linear fortgesetzt.

Zu den organisatorischen Befehlen gehören: bedingte und unbedingte Stop-Befehle, Ein- und Ausgabebefehle, Verschiebebefehle und Transportbefehle für Transporte innerhalb der ZE.

3.5.3.2. Spezielle Befehlsformen

In den DVA gibt es unterschiedliche Formen von Befehlen. Es sollen drei Ausführungsformen angegeben werden, wobei die Wirkungsweise der Befehlsabarbeitung an kleinen Programmen erläutert wird.

Drei-Adreß-Befehl

Die arithmetischen Operationen enthalten bekanntlich zwei Operanden und ein Resultat ($c := a + b$). Im Adressenteil des Befehlswortes werden die Adressen der drei zugehörenden Speicherzellen bereitgestellt.

Operation	Adresse des 1. Operanden	Adresse des 2. Operanden	Adresse des Resultats
Operationsteil	Adressenteil		

Wir wollen einen hypothetischen Drei-Adreß-Rechner angeben, der diese Befehle verarbeitet. In älteren Anlagentypen war dieses Prinzip realisiert.

Der Rechner enthält:

1 Eingabegerät (bringt Zahlen und Befehle von einem Eingabemedium auf den Speicher),
1 Ausgabegerät (druckt Ergebnisse aus),
1 Speicher (z. B. Trommelspeicher; die Speicherplätze sind einzeln adressierbar),
1 Steuerwerk (mit Befehlsregister, Befehlszählwerk und einem Test-Flip-Flop, das je nach Ausgang eines Tests einen von zwei stabilen Zuständen halten kann).
1 Rechenwerk (mit 2 Operanden- und 1 Resultatregister (RR); das Rechenwerk kann die vier Grundrechenarten durchführen).

Der Informationsfluß im Rechner ist in Abb. 3-3 dargestellt. Aus dem Speicher kommt ein Befehl in das Befehlsregister und wird dort abgearbeitet. Die den beiden im Befehlswort enthaltenen Adressen entsprechenden Zahlen wandern von ihren Speicherplätzen auf

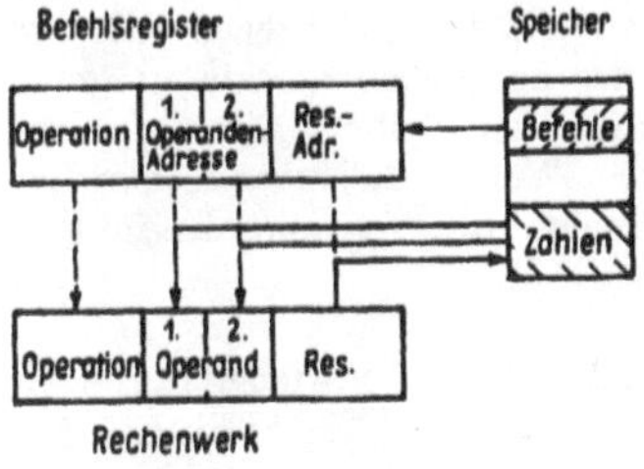

Abb. 3-3. Drei-Adreß-Prinzip

die Operandenstellen im Rechenwerk, dann erfolgt die Operation. Das Resultat fließt danach auf diejenige Speicherzelle, die der Resultatadresse entspricht. (Der Inhalt einer Speicherzelle bleibt so lange erhalten und damit lesbar, bis in die Zelle ein neues Wort gespeichert wird). Danach wird der Inhalt des Befehlszählers um eine Einheit erhöht, und der nächste Befehl läuft in das Steuerwerk, bis das Ende des Programms erreicht ist.

Für das anschließende Beispiel legen wir folgende fünf Befehle zugrunde, die der Rechner ausführen kann:

3 Rechenbefehle: SUB, MUL, DIV,

1 bedingten Sprungbefehl: SPN,

1 Stopbefehl.

Die Wirkungsweise der Rechenbefehle und des Stopbefehls sind unmißverständlich. Der bedingte Sprungbefehl SPN soll einen Sprung nach der angegebenen Adresse auslösen, wenn der Inhalt des Resultatregisters – $\langle RR \rangle$ – negativ ist, sonst wird der nächste Befehl abgearbeitet. Das Symbol $\langle\ \rangle$ bedeutet: Inhalt einer Speicherzelle oder eines Registers, z. B. $\langle 200 \rangle = c$; c ist der Inhalt der Speicherzelle mit der Adresse 200. Andererseits schreibt man auch $\rangle c \langle = 200$, d. h., die Adresse der Speicherzelle, in der c aufbewahrt wird, ist 200.

Beispiel: Es soll $D = \frac{c}{m} - \frac{k^2}{4m^2}$ berechnet werden. Das Resultat D soll auf den Speicherplatz mit der Adresse 199 gebracht und – wenn $D < 0$ ist – der Programmablauf angehalten werden. Die Zahlen c, m, k, 4 stehen in der angegebenen Reihenfolge ab Adresse 200 und sollen dort erhalten bleiben. Der Stopbefehl steht in Zelle mit Adresse 1000. Weitere Arbeitsspeicherplätze werden anschließend untergebracht. Das Programm beginnt mit Zelle 0.

Wie man aus dem Beispiel erkennt, verursachen Drei-Adreß-Befehle einen aufwendigen Zahlentransport zwischen Rechenwerk und Speicher.

Programm

	Operation	Adressen			⟨RR⟩
		1. Opd	2. Opd	Res	
0	DIV	200	201	204	c/m
1	DIV	202	201	205	k/m
2	DIV	205	203	205	$k/2m$
3	MUL	205	205	205	$k^2/4m^2$
4	SUB	204	205	199	D
5	SPN			1000	
6	...				

Speicherverteilungsplan

Adresse	Inhalt
199	D
200	c
201	m
202	k
203	2
204	c/m
205	k/m, $k/2m$, $k^2/4m^2$

Die Zellen 204, 205 und 199 werden vom Programm versorgt.

Ein-Adreß-Befehl

Die modernen Anlagen arbeiten größtenteils mit Ein-Adreß- oder Zwei-Adreß-Befehlen. Dabei vergrößern sich die Befehlsliste und die Anzahl der Befehle im einzelnen Programm gegenüber dem Drei-Adreß-System. Aber der Aufwand im Rechenwerk und in der Übertragung zum und vom Speicher sinkt erheblich.

Wir geben jetzt das Modell eines Ein-Adreß-Rechners an, der dieselben Bestandteile wie der Rechner im vorhergehenden Abschnitt enthält. Im Rechenwerk wird jedoch nur noch ein Register verwendet: AC (Akkumulator). Der Adressenteil des Befehlswortes enthält jetzt nur noch eine Adresse: die Adresse des 2. Operanden.

Operation	Adresse des 2. Operanden
Operationsteil	Adressenteil

Da jetzt das 1. Operanden- und das Resultatregister zusammenfallen, verändert sich auch der Informationsfluß gegenüber dem in der Drei-Adreß-Maschine.

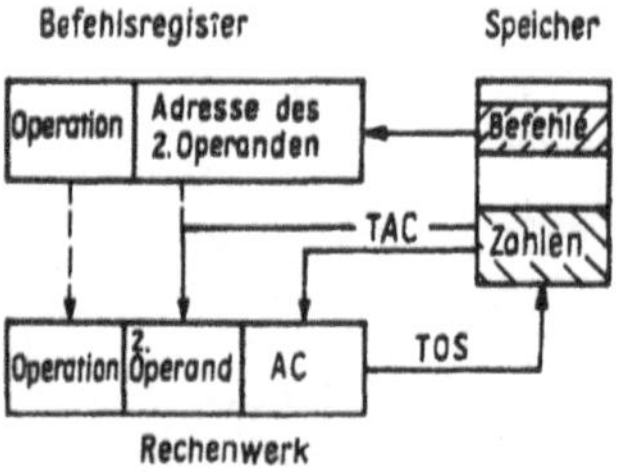

Abb. 3-4. Ein-Adreß-Prinzip

Bei einer arithmetischen Operation wird der 1. Operand aus dem Akkumulator und der 2. aus dem Speicher genommen. Das Resultat erscheint wieder im AC. Die Verbindung dieses Registers mit dem Speicher wird durch zwei Transportbefehle, einen Lese- und einen Speicherbefehl, aufrechterhalten. Die Befehlsliste soll jetzt folgende Befehle enthalten:

2 Rechenbefehle: SUB, MUL, DIV,
3 Transportbefehle: TAC, TOS,
1 bedingter Sprungbefehl: SPN,
1 Stopbefehl.

Die Rechenbefehle haben jetzt die Wirkung:

$\langle AC \rangle := \langle AC \rangle \left(\begin{matrix}-\\ \times\\ :\end{matrix}\right) \langle \text{Operandenadresse} \rangle$. Dabei bedeuten:

$\langle AC \rangle$:Inhalt des Akkumulators;

$\langle$Operandenadresse$\rangle$: Inhalt der Hauptspeicherzelle mit der angegebenen Adresse;

:= Ergibtzeichen (s. Abschn. 5.1.1.).

Das Ergibtzeichen beschreibt hier folgenden Vorgang. Der „neue“ Inhalt des Akkumulators ergibt sich aus dem „alten“ Inhalt, der mit dem Inhalt der adressierten Speicherzelle in der angegebenen Weise verknüpft wurde.

Der Lesebefehl TAC bewirkt, daß der Inhalt der adressierten Speicherzelle — ⟨Adresse⟩ — in den AC gelesen wird. Der Speicherbefehl TOS bringt den Inhalt des AC in die adressierte Zelle des Operativspeichers, wobei der Inhalt im AC erhalten bleibt. Bedingter Sprung- und Stopbefehl haben die gleiche Wirkung wie beim Drei-Adreß-Befehl. Für das beim Drei-Adreß-Befehl genannte Beispiel ergibt sich folgendes Programm:

Programm

	Operation	Adresse	⟨AC⟩
0	TAC	202	k
1	DIV	201	k/m
2	DIV	203	$k/2m$
3	TOS	204	
4	MUL	204	$k^2/4m^2$
5	TOS	204	
6	TAC	200	c
7	DIV	201	c/m
8	SUB	204	D
9	TOS	199	
10	SPN	1000	
11	...		

Speicherverteilungsplan

Adresse	Inhalt
199	D
200	C
201	m
202	k
203	2
204	$k/2m$, $k^2/4m^2$

Der R 300 arbeitet nach dem Einadreßprinzip.

Zwei-Adreß-Befehl und Befehlsformate im ESER

Der Zwei-Adreß-Befehl hat folgenden prinzipiellen Aufbau:

Operation	Adresse des 1. Operanden	Adresse des 2. Operanden

Neben dem Operationsteil sind die Adressen der beiden an der Rechenoperation beteiligten Operanden angegeben. Das Ergebnis kann in einem Akkumulator oder im Hauptspeicherplatz eines der Operanden abgespeichert werden.

Die Anlagen des ESER arbeiten nach dem Zwei-Adreß-Prinzip, wobei für die Operanden auch Register vorgesehen sind.

Die Befehle können aus einem, zwei oder drei Halbworten (1 Halbwort = 2 Bytes) aufgebaut sein. Die Länge des Befehls hängt von der Anzahl der für die Operation benötigten Adressen des Operativspeichers ab. In jedem Befehlsformat steht im 1. Byte des 1. Halbwortes der Operationscode. Der Rest steht dem Adressenteil zur Verfügung. Wird keine Adresse aus dem Operativspeicher benötigt, so genügt 1 Halbwort. Verwendet man 1 Adresse aus dem Operativspeicher, so braucht man 2 Halbworte und bei 2 Adressen entsprechend 3 Halbworte.

Es gibt folgende fünf Befehlsformate (s. Seite 69):
Das 2. Byte im 1. Halbwort kann entweder für zwei 4-Bit-Felder oder ein 8-Bit-Feld verwendet werden, und zwar als Anzeiger für

Operandenregister	(R)	mit	4 Bit
Indexregister	(X)	mit	4 Bit
Längen	(L)	mit	4 oder 8 Bit
Direktoperand	(I)	mit	8 Bit.

Die nächsten beiden Halbwörter enthalten je eine Angabe für ein 4-Bit-Basisregister (B) und eine 12-Bit-Verschiebung (V). Die effektive Speicheradresse umfaßt 24 Bit und ermittelt sich zu

$$A = \langle B \rangle + \langle X \rangle + V .$$

Die in der Darstellung verwendeten Ziffern bestimmen die Reihenfolge der Operanden bei der Befehlsausführung. Zum Beispiel gehören R 1, L 1, B 1, V 1 jeweils zum 1. oder R 2, L 2, B 2, V 2, X 2, I 2 jeweils zum 2. Operanden.

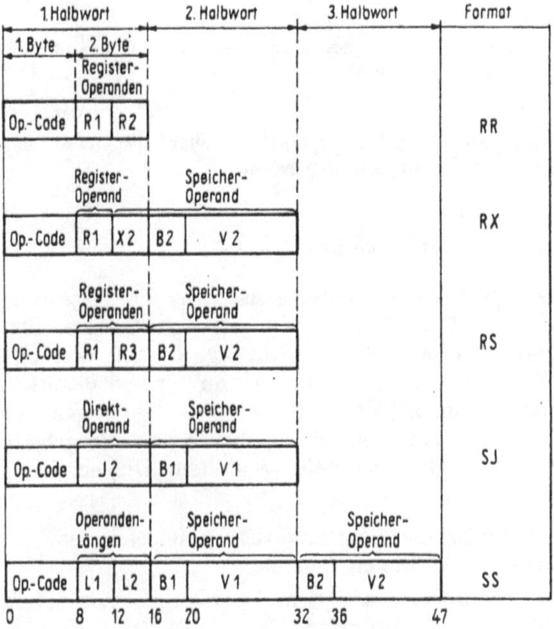

Abb. 3-5. Befehlsformate der ESER-Modelle

Die wesentliche Bedeutung der einzelnen Formate ist:

1. RR-Format (Register-Register-Format):

   Beide Operanden stehen in Registern.

2. RX-Format (Register-Indexregister-Format):

   Der 1. Operand befindet sich im Register, der 2. im Operativspeicher.
   Die Adresse des Operativspeichers ist durch ein Indexregister indizierbar.

3. RS-Format (Register-Speicher-Format):

   Der 1. Operand befindet sich in einem bzw. mehreren Registern, der 2. im Operativspeicher.

4. SI-Format:

Der 1. Operand ist im Operativspeicher, der 2. Operand steht direkt im Befehl (1 Byte).

5. SS-Format:

Beide Operanden sind im Operativspeicher. Die Operandenlänge wird im Befehl mit angegeben.

3.5.3.3. Prinzipielle Befehlsabarbeitung

Die Abarbeitung der Befehle nach der im Programm vorgegebenen Reihenfolge ist für die Arbeitsweise einer DVA von grundsätzlicher Bedeutung. In den verschiedenen Anlagen ist dieser Ablauf im einzelnen unterschiedlich realisiert, jedoch lassen sich einige allgemeine Gesichtspunkte hervorheben. Dabei sollen Programm und Daten im Operativspeicher stehen. Die einzelnen Schritte sind:

1. Der Befehlszähler enthält die Befehlsadresse des nächsten ausführenden Befehls.
2. Dieser Befehl wird aus dem Operativspeicher in ein Befehlsregister transportiert.
3. Nach den im Adreßteil des Befehls angegebenen Adressen werden die Operanden bereitgestellt. Davor können die Adressen mittels sogenannter Indexoperationen geeignet verändert werden. Dabei werden mit Hilfe von zusätzlichen Indexregistern die Operandenadressen aktualisiert, was bei der Abarbeitung zyklischer Programme von großem Vorteil ist.
4. Es erfolgt die Entschlüsselung des Operationsteils, der die Instruktionen in codierter Form enthält. Dies übernimmt eine elektronische Einrichtung (Zuordner), die bei bestimmten Zeichenkombinationen (etwa für ADD) auf bestimmte Steuerkanäle elektrische Signale abgibt, die zu den übrigen Einheiten der DVA führen.
5. Die Entschlüsselung der Operation löst z. B. über die Steuersignale in der Verarbeitungseinheit den Start

eines *Mikro-Programms* aus. Damit wird die Gesamtheit einer *Mikro-Befehlsfolge* (für den Additionsvorgang etwa 50, die festverdrahtet sind) bezeichnet. Der Rechengang entspricht der Abarbeitung der Mikro-Befehlsfolge und wird vom Rechenwerk intern durchgeführt und gesteuert. Am Ende wird ein Signal an das Steuerwerk gegeben, welches die weitere Steuerung (Abtransport des Ergebnisses) übernimmt.
Bei anderen Operationstypen (Transportbefehle, logische Verknüpfungen) veranlassen die Steuersignale über Schaltkreise das Öffnen oder Schließen von Wegen.

6. Der Befehlszähler erhält die Adresse des nächsten Befehls. In der Regel wird der Befehlszählerinhalt um eine Adresseneinheit erhöht. Dies erledigt ein zusätzliches Addierwerk. Bei einem Sprungbefehl ergibt sich der neue Befehlszählerinhalt aus der Operandenadresse des Sprungbefehls.
7. Die Abarbeitung des Programms kann mit dem nächsten Befehl fortgesetzt werden.

Bei modernen Anlagen lassen sich zur Erhöhung der Verarbeitungsgeschwindigkeit mehrere Operationen bei der Befehlsabarbeitung gleichzeitig durchführen.

3.4.5. *Virtuelle Speicher*

Moderne Nutzungsweisen einer DVA wie der Teilnehmerbetrieb erfordern einen hohen Speicherbedarf und eine flexible Verwaltung des Hauptspeichers, etwa zur Verschiebbarkeit oder zum Austausch von Programmen. Zur Lösung dieser Fragen wird das Konzept eines virtuellen Speichers eingeführt, wobei die in den Programmen auftretenden Adressen von den im Speicher verwendeten realen Adressen unabhängig gemacht werden. Die in den Programmen enthaltenen Adressen werden als *virtuelle Adressen* eines *virtuellen Speichers* betrachtet. Bei der Befehlsabarbeitung müssen die virtuellen in reale, d. h. im Hauptspeicher vorhandene, überführt werden. Diese Umwandlung führt die Zentraleinheit mit Zuordnungstabellen bei jeder Befehlsausführung durch. Damit bereitet das Verschieben von Programmteilen im Speicher, wie es beispielsweise die automatische Organisation des Teilnehmerbetriebes erfordert, keine Schwierigkeiten, da der Zugriff lediglich die entsprechenden Eintragungen in den Zuordnungstabellen benötigt.

Dabei werden nur die in einem Zeitabschnitt unmittelbar benötigten Programmteile in den Hauptspeicher gebracht. Die anderen Programmteile stehen auf Trommel- oder Plattenspeichern, von denen sie bei Bedarf in den Hauptspeicher abgerufen werden können. Dieser als Programmspeicher genutzte externe Speicher bildet den virtuellen Speicher.

Für die Adreßumsetzung werden der virtuelle und der reale Speicher in gleich große Teile von 2 oder 4 K Bytes eingeteilt. Diese Teile heißen beim virtuellen Speicher *Seiten*, beim realen Speicher *Seitenrahmen*.

Beim virtuellen Speicher werden Segmente mit der Größe von 64 K Bytes eingeführt, die 32 oder 16 Seiten enthalten. Die virtuelle Adresse enthält die Segmentnummer (Sg), die Seitennummer (St) und die Bytenummer (By), welche das Byte innerhalb einer Seite angibt. Die reale Adresse besteht aus der Nummer des Seitenrahmens SR und aus der Bytenummer By.

Sg	St	By

Virtuelle Adresse

SR	By

Reale Adresse

Die Zuordnung von der virtuellen zur realen Adresse geschieht mittels Segment- und Seitentabellen, die sich im Realspeicher befinden.

Für die Umwandlung der virtuellen in die reale Adresse sind zwei zusätzliche Zugriffe der Zentraleinheit zum

Hauptspeicher nötig, die die Operationsgeschwindigkeit herabsetzen. Ein Adreßumsetzungspuffer, der aus mehreren Registern besteht, schränkt diese Herabsetzung ein. Weitere Probleme bilden ein den Programmanforderungen entsprechender Seitenwechsel und die Beachtung von Ein- und Ausgabeoperationen [42].

4. Systemunterlagen

Während man zur *Gerätetechnik* alle physikalischen Bestandteile einer DVA zählt, umfassen die *Systemunterlagen* die Gesamtheit aller nichtmateriellen Betriebsmittel in Gestalt von Programmen, Programmsystemen usw., die zur Nutzung einer DVA geschaffen werden. Es sind auch die englischen Wörter *hardware* für Gerätetechnik und *software* für Systemunterlagen gebräuchlich. Eine Gliederung der Systemunterlagen gibt die folgende Übersicht:

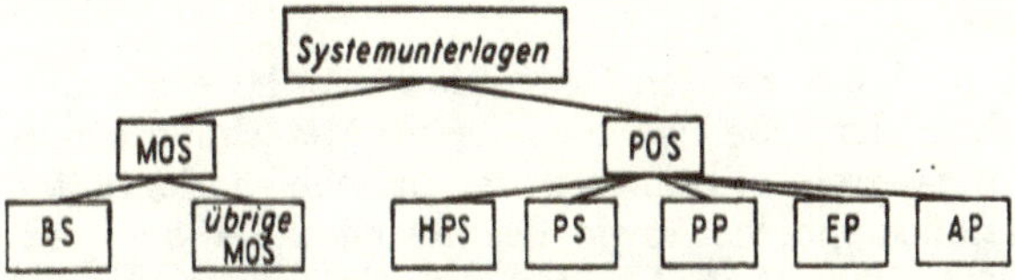

Wir unterscheiden *maschinenorientierte* (MOS) und *problemorientierte* Systemunterlagen (POS). Die MOS verkörpern die Gesamtheit der Betriebsmittel, die zu einer effektiven Nutzung der komplizierten Gerätetechnik der DVA der 3. Generation unentbehrlich sind. Fast alle MOS sind im *Betriebssystem* (BS) zusammengefaßt, einem einheitlichen modularen System unter einheitlicher Steuerung. Unter der Regie des BS steht die gesamte Arbeitstechnologie einer DVA.

Die POS enthalten sowohl Hilfsmittel zur problemfreundlichen symbolischen Programmierung in Gestalt der *höheren Programmiersprachen* (HPS) sowie der *Assemblersprache* als auch vorhandene *Programmsysteme*

(PS), *Programmpakete* (PP) und *Einzelprogramme* (EP und AP), die zur Nachnutzung von Teilen bzw. als Ganzes in Frage kommen. Unter EP verstehen wir dabei Programmbausteine, die vor ihrer Abarbeitung noch durch den sogenannten *Programmverbinder* adressenmäßig bearbeitet und i. a. mit anderen Programmteilen verknüpft werden müssen (s. Abschn. 4.2.3.).

Die AP stellen in sich abgeschlossene fachspezifische *Anwenderprogramme* dar.

Eine Vorstellung von dem Aufwand für die vom Hersteller mitzuliefernden Systemunterlagen vermittelt die Tatsache, daß ihre Kosten mindestens dieselben wie die der reinen Gerätetechnik sind.

4.1. Betriebssystem

4.1.1. Allgemeines

Bei DVA der zweiten Generation erforderte die Ausschöpfung der Möglichkeiten der Gerätetechnik bereits eine umfangreiche Kenntnis der maschinenorientierten Programmiersprache sowie der Arbeitsweise der peripheren Geräte. Auf die effektive Nutzung der DVA mußte bei jedem Programm gesondert geachtet werden. Häufig wurde keine befriedigende Lösung erreicht, da der Unterschied der Arbeitsgeschwindigkeiten von Zentraleinheit und Peripherie trotz vieler Maßnahmen immer wieder zu internen Wartezeiten führte.

Mit der wesentlich leistungsfähigeren und umfangreicheren Gerätetechnik der 3. Generation wurde eine zentrale programmtechnische Unterstützung des Nutzers und Bedieners der Anlage unumgänglich. Dabei geht es sowohl darum, das Gerätesystem überschaubar und auf einfache Weise nutzbar zu machen, als auch eine effektive Auslastung zu gewährleisten. Das BS fungiert als Mittler zwischen Gerätetechnik und Nutzer sowie Bediener. Es ist für letztere gewissermaßen die Erscheinungsform der DVA. Gewisse Funktionen des BS wirken nach außen so, als wären sie als Gerätetechnik vorhanden.

4.1.2. Aufgaben und Wirkungsweise eines Betriebssystems

Dem BS obliegt die weitgehend automatische Verwaltung der *Ressourcen* (periphere Geräte, E/A-Kanäle, Hauptspeicher, Komponenten des BS selbst usw.). Im einzelnen geht es um folgende Aufgaben bzw. Funktionen:

1. Durchführung von *E/A-Operationen* und Sicherung einer effektiven Kanal- und Geräteauslastung.
2. *Übersetzen* von Programmen in einer symbolischen Programmiersprache, z. B. Assemblersprache, FORTRAN, PL/1.
3. *Verbinden* und *Laden* von Programmen sowie Überwachung der Programmausführung.
4. Durchführung von *Fehlerkontrollen* und *-behandlungen.*
5. Organisation der *Stapelverarbeitung.*
6. Organisation des *Multiprogrammbetriebs.*
7. Ausführung wichtiger Routinearbeiten durch *Serviceprogramme.*
8. Unterstützung bei der Verarbeitung größerer Datenmengen.
9. Führung der *Programmbibliotheken.*
10. *Protokollierung* des Arbeitsablaufs an der DVA.
11. Anpassung an Veränderungen in der Gerätekonfiguration.

Die Arbeitsweise des BS zur Lösung dieser Aufgaben wird im folgenden kurz erläutert. Auf die Komponenten und die Struktur des BS wird in Abschn. 4.1.3. hingewiesen.

Zu 1: Es stehen hierfür Hilfsprogramme (z. B. System-Makros) des BS zur Verfügung. Der Programmierer kann von diesen Gebrauch machen und sie durch den Programmverbinder in das übersetzte Programm einfügen lassen. Die E/A-Anforderung eines solchen Hilfsprogramms kann je nach der Auslastung des betreffenden peripheren Gerätes sofort erfüllt oder in eine Warteschlange eingereiht werden. In Verbindung mit dem übrigen BS und *E/A-Unterbrechungssignalen* können bei E/A-Fehlern automatisch Fehlerbehandlungsroutinen (z. B. Wiederholung eines E/A-Vorgangs) eingeleitet werden. Durch Verwendung symbolischer Geräteadressen (*logisches E/A-Steuersystem*) bleibt ein Programm bis zum Zeitpunkt der Abarbeitung unabhängig von einem speziellen E/A-Gerät. Entsprechend der technischen Betriebsbereitschaft braucht erst unmittelbar vor dem Programmlauf über die *Jobsteuerung* die tatsächliche (physische) Geräteadresse zugeordnet zu werden.

Zu 2 und 3: Für die zum System gehörenden Sprachen enthält das BS die Compiler. Den Prozeß des Übersetzens, Verbindens und Ladens beschreibt die Abb. 4-1.

Das *verschiebliche Objektprogramm*, auch *Objektmodul* genannt, ist noch nicht an eine Hauptspeicheradresse gebunden. Es kann daher noch mit anderen Objektprogrammen verbunden und in einen beliebigen Hauptspeicherbereich geladen werden. Zu verbindende Objektmoduln können von verschiedenen Übersetzern stammen. Erst der Programmverbinder erzeugt die abarbeitbare Form, die *Programmphase*. Der Programmverbinder kann Routinen einfügen, die aus Kapazitätsgründen jeweils nur Programmabschnitte in den Hauptspeicher zur Abarbeitung laden.

Die Überwachung der Programmausführung wird von dem zentralen Teil des BS, dem *Supervisor*, vorgenommen. Er koordiniert die Arbeiten aller Komponenten des BS.

Zu 4: Fehler werden über bestimmte Unterbrechungssignale dem BS angezeigt. Der *Kern* des Supervisors

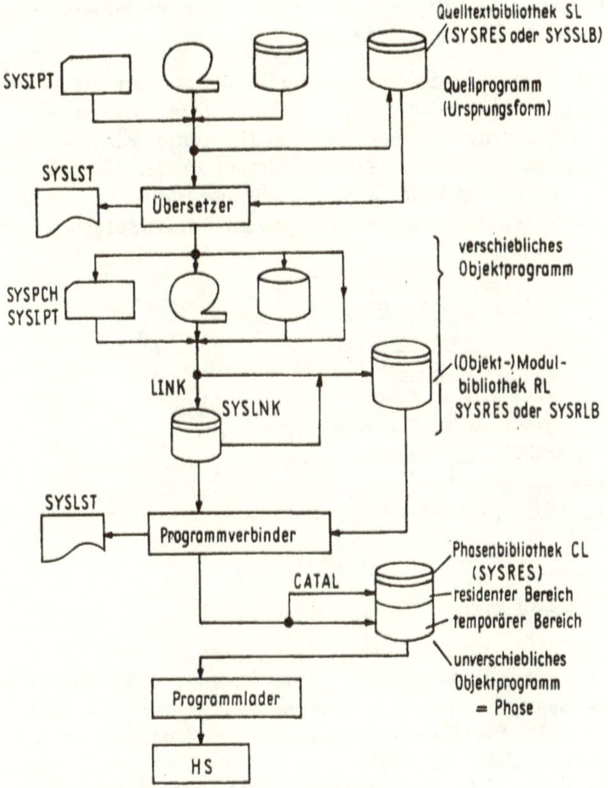

Abb. 4-1. Entwicklungsstadien eines Programms

analysiert den Fehler (über die Klasse des Unterbrechungssignals) und leitet eine entsprechende Maßnahme ein. Dazu ist das alte *Programmstatuswort* sicherzustellen und das zur Unterbrechungsklasse gehörige Programmstatuswort aufzurufen. Es kann sich um die Aktivierung einer Fehlerbehandlungsroutine oder die Ausschrift einer Mitteilung an den Bediener (z. B. bei fehlendem Magnetband), eventuell verbunden mit einem Protokoll des benutzten Hauptspeicherbereiches oder verbunden mit anderen Maßnahmen, handeln.

Zu 5: Unter *Stapelverarbeitung* versteht man die automatische Abarbeitung einer Folge (Stapel) von Programmen unter Steuerung des BS ohne Eingriff des Bedieners. Zu diesem Zweck müssen in den Stapel der Programm- und Datenkarten geeignete Steuerkarten mit sogenannten *Jobsteueranweisungen* an den entsprechenden

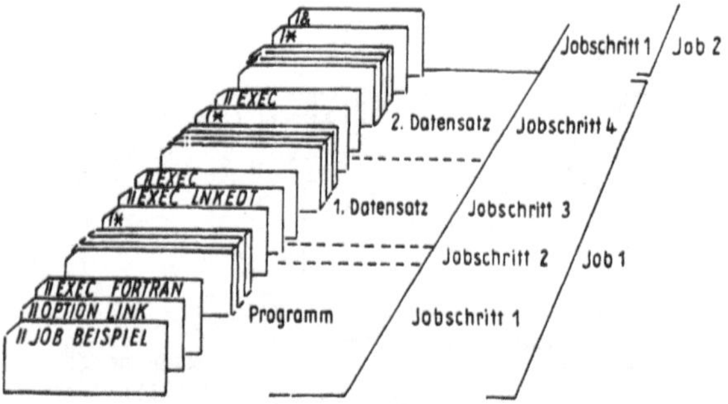

Abb. 4-2. Beispiel eines Jobstapels

Stellen eingefügt werden. Diese können u. a. folgende Arbeitsgänge auslösen: Übersetzen, Verbinden, Ausführen, Protokollieren, Katalogisieren. Einzelheiten folgen im Abschn. 4.2.

Im Beispiel der Abb. 4-2 ist ein FORTRAN-Programm zu übersetzen, zu verbinden und zweimal abzuarbeiten.

Zu 6: Die Stapelverarbeitung spart zwar die Rüstzeiten beim Übergang von einem Job zum nächsten ein, nicht aber die internen Wartezeiten der Zentraleinheit während der Ausführung der E/A.

Der *Multiprogrammbetrieb* löst dieses Problem, indem sich mehrere Programme gleichzeitig im Abarbeitungszustand befinden, wobei vorrangig das Programm mit der höchsten *Priorität* bedient wird. In dessen Wartezeiten der Zentraleinheit wird in der Reihenfolge fallender Priorität das nächste Zentraleinheitszeit benötigende Programm (evtl. weiter) abgearbeitet usw. Ganz entsprechend werden die E/A-Kanäle verzahnt benutzt. Dabei unterbricht stets das Programm höherer Priorität das niedere, wenn es die von letzterem gerade benutzte Systemkomponente selbst benötigt.

Es ist klar, daß eine solche Arbeitsweise ohne ein BS sowie ein gerätetechnisch vorhandenes *Unterbrechungssystem* nicht möglich ist. So dürfen sich die verschiedenen Programme nicht gegenseitig im Hauptspeicher behindern bzw. zerstören, müssen verschiedene Programme mit verschiedenen E/A-Geräten zusammenarbeiten usw. Der Hauptspeicher wird dazu in Bereiche unterteilt, die vom Supervisor den einzelnen Programmen zugewiesen werden. Es kann bei der Generierung eines BS eine feste Unterteilung getroffen werden, oder aber bei größeren BS die Unterteilung vom BS in Abhängigkeit vom Hauptspeicherbedarf der Programme getroffen werden. Häufig sind die Prioritäten an diese Speicherbereiche gebunden. So spricht man von *Vordergrundbereichen* 1, 2, ... und einem *Hintergrundbereich* mit in dieser Reihenfolge fallenden Prioritäten.

Es ist ratsam, E/A-intensive Programme im Vordergrund abzuarbeiten und ein möglichst rechenintensives Programm im Hintergrund. So kommen meistens alle Programme voran, und die Zentraleinheit ist gut ausgenutzt.

Zu 7: Hierzu gehören u. a.: Datenübertragung von einem Speichermedium auf ein anderes, Testen von Anwenderprogrammen, Sortieren und Mischen, Wartungsroutinen.

Zu 8: Für Dateien auf peripheren Speichern besitzt das BS Routinen zur Zugriffsorganisation und zur programmtechnischen Sicherung: Dateikennzeichnung, Überprüfung von Dateinamen und Gültigkeitsdauern, Verarbeitung der Identifizierungsmerkmale, Eröffnen und Schließen von Dateien usw.

Zu 9: Die von BS geführten und auf einem Plattenspeicher, der sogenannten *Systemresidenz*, befindlichen Bibliotheken zeigt Abb. 4-1. Neben der öffentlichen Quelltext- bzw. Modulbibliothek kann sich jeder Nutzer auch eine private Form dieser Bibliotheken anlegen. Einzelheiten enthält Abschn. 4.2.4. Die Komponenten des BS sowie alle ihm zur Verfügung stehenden Routinen befinden sich ständig auf der Phasen- bzw. Modulbibliothek.

Zu 10: Die Protokollierung umfaßt die Kommunikation des Systems mit dem Bediener und die Erfassung anderer Angaben, z. B. zu Abrechnungszwecken (Auftragsnummer, Jobname, Datum, Uhrzeit, Bearbeitungszeit usw.).

Zu 11: Es handelt sich hier nicht um eine Aufgabe des BS, sondern um eine Anpassung des BS an neue technische Gegebenheiten, damit es auch unter der i. a. leistungsfähigeren Konfiguration möglichst optimal arbeitet. Beispielsweise schafft eine Vergrößerung des Hauptspeichers günstigere Möglichkeiten für den Multiprogrammbetrieb.

4.1.3. Struktur eines Betriebssystems

Eine Übersicht gibt Abb. 4-3.

Aus dieser Übersicht geht der *modulare* Aufbau eines BS hervor. Dieser ist erforderlich, um möglichst wenig Hauptspeicherplatz durch das BS zu belegen. Permanent im Hauptspeicher befindet sich nur der Kern des Supervisors, der je nach generiertem BS etwa 10 K bis 30 K Bytes belegt. Der Supervisor als Steuerzentrum führt die Programmüberwachung durch. Ihm stehen *privilegierte Befehle* zur Verfügung. Der Supervisor regelt auch die Übertragung jeweils benötigter weiterer Routinen des BS in den Hauptspeicher. Dabei wird nur ein bestimmter Speicherbereich, i. a. sogar innerhalb des

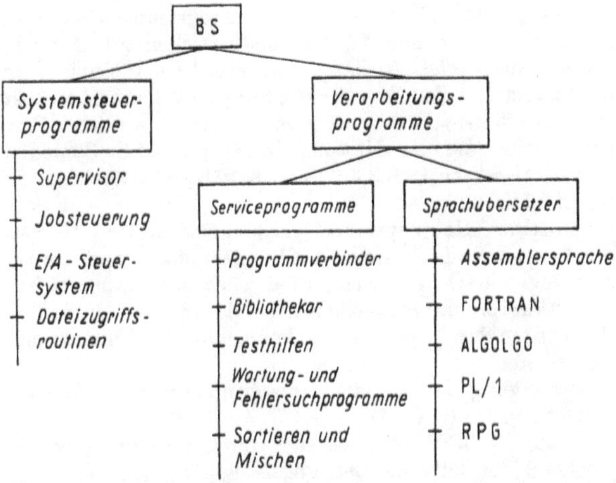

Abb. 4-3. Komponenten eines Betriebssystems

Supervisorkerns, (wiederholt) benutzt. Weitere Einzelheiten zum BS folgen im Abschn. 4.2. oder findet man in [22]. Es sei noch darauf hingewiesen, daß sich jeder Anwender für seine DVA ein eigenes BS entsprechend seinem Aufgabengebiet aus dem umfangreichen Angebot von BS-Komponenten *generiert.* Dabei ist ein gewisser Grundstock von Komponenten für alle Generierungen verbindlich. Ebenso benötigt jedes BS eine Mindestkonfiguration an Geräten.

4.1.4. Die Betriebssysteme DOS/ES *und* OS/ES

Für die ESER-Anlagen mittlerer Leistungsfähigkeit ist das *Plattenbetriebssystem DOS/ES* entwickelt worden, für die großen Anlagen (etwa ab Typ ES 1040) das *Betriebssystem OS/ES.* Da jedes der beiden BS die technischen Parameter seiner Anlagenklasse voll ausnutzt, arbeitet es in der anderen Anlagenklasse i. a. nicht effektiv.

Das System DOS/ES hat gegenüber der Darstellung in Abschn. 4.1.2. einige Besonderheiten bzw. Einschränkungen.

Im Multiprogrammbetrieb können drei Programme bearbeitet werden, und zwar in den Vordergrundbereichen F1, F2 und im Hintergrundbereich B. Die Hauptspeichereinteilung wird standardmäßig mit der Generierung festgelegt, kann aber über die *Bediener-System-Kommunikation* verändert werden. Eine mögliche Aufteilung des Hauptspeichers mit 64 K Bytes ist z. B.: Supervisorkern 12 K, F1-Bereich 10 K, F2-Bereich 10 K, B-Bereich 32 K.

Den einzelnen Hauptspeicherbereichen sind bestimmte Ressourcen fest zugeordnet. In allen drei Bereichen kann Stapelverarbeitung betrieben werden, in den Vordergrundbereichen ist auch Einzelprogrammabarbeitung möglich. Die Übersetzer und die meisten Serviceprogramme können nur im Hintergrundbereich arbeiten.

Zur Verfügung stehen die Sprachen: Assemblersprache, FORTRAN, PL/1, RPG.

Das System OS/ES zeichnet sich durch weiteren Komfort entsprechend der höheren Leistungsfähigkeit seiner Anlagenklasse aus. So kann der Multiprogrammbetrieb mit fester und variabler Hauptspeicheraufteilung erfolgen. Die Ressourcen sind den entsprechenden Hauptspeicherbereichen nicht fest zugeordnet, so daß Warteschlangen an den Ressourcen entstehen können. Es ist Multiprogrammbetrieb mit einer variablen Anzahl von Aufgaben möglich. Damit sind auch die Prioritäten gesondert festzulegen. Zu den Sprachen des DOS/ES kommen noch ALGOL 60 und COBOL hinzu.

4.1.5. Weitere spezielle Betriebsarten

Einen Überblick über die gegenwärtig anzutreffenden Nutzungsformen von Datenverarbeitungssystemen gibt Abb. 4-4. Zwischen *Stapelverarbeitung* und *interaktiver Verarbeitung* besteht ein prinzipieller Unterschied. Bei der Stapelverarbeitung wird ein kontinuierlicher Eingabestrom unter Steuerung des Betriebssystems abgearbeitet, das auf eine optimale Auslastung der Betriebsmittel des DV-Systems orientiert. Für den Benutzer gibt es keine Möglichkeit, in den Ablauf in irgendeiner Weise steuernd einzugreifen; er muß inaktiv bleiben. Demgegenüber ermöglicht die interaktive Verarbeitung einen Informationsaustausch zwischen DV-System und

Nutzer bzw. Prozeß während der Verarbeitung. Man spricht von *Dialog-* bzw. *Prozeßdatenverarbeitung*. Hier ist also ein wiederholter Wechsel zwischen dem Stellen von Teilaufgaben und der Übermittlung der entsprechenden Antworten möglich. Beschränken wir uns im weiteren auf die Dialogverarbeitung.

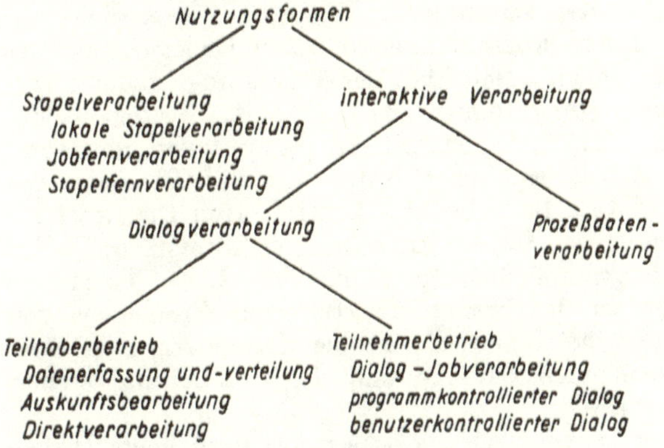

Abb. 4-4. Nutzungsformen eines DV-Systems

Zur technischen Durchführung des Dialogs wie auch der *Datenfernverarbeitung*, bei der der Nutzer über eine räumliche Entfernung hinweg mit dem DV-System in Kontakt treten muß, ist ein separater (*Fern-*)*Bedienplatz* (auch *Terminal* genannt) erforderlich. Ein solches Terminal muß sowohl als Eingabegerät als auch als Ausgabegerät arbeiten und ist häufig mit einem *Bildschirmgerät* (*Display-Gerät*) ausgestattet. Der Nutzer ist beim Dialogbetrieb demnach in den Verarbeitungsprozeß integriert. Es ist klar, daß auf Grund der Reaktionszeiten jedes Nutzers die Auslastung eines DV-Systems nur gegeben ist, wenn verzahnt mit mehreren Nutzern Dialogbetrieb erfolgt (Teilnehmer- und Teilhaberbetrieb) und eventuell noch Stapelverarbeitung im Hintergrund betrieben wird.

Man unterscheidet: *Dialog-Jobverarbeitung, programmkontrollierte* und *benutzerkontrollierte Dialogverarbeitung.* Bei der ersten Form ist der Dialog vom Betriebssystem her organisiert und erstreckt sich auf die Etappen Programmentwicklung, Programmübergabe und Ergebnisauswertung. Die Zeit der Programmerstellung bis zur Fehlerfreiheit wird in Verbindung mit der bequemen Variation der Daten beim Testprozeß wesentlich verkürzt. Beim programmkontrollierten Dialog handelt es sich um einen bereits bei der Programmerstellung vorgeplanten (programmierten) Dialog. Das System meldet sich an den vorgesehenen Programmstellen und setzt seine Arbeit erst nach entsprechender Reaktion des Nutzers fort. Beim benutzerkontrollierten Dialog ist die Eröffnung des Dialogs an beliebigen (sinnvollen) Stellen der Programmabarbeitung möglich. Diese Form des Dialogs ist bei wenig strukturierten Problemen von Interesse, bei denen die Problemformulierung in einer entsprechenden Sprache und die Abarbeitung einhergehen müssen.

Datenfernverarbeitung ist a priori noch keine Dialogverarbeitung. In Abb. 4-4 wird entsprechend auf die Fernverarbeitung im Stapelbetrieb hingewiesen.

Teilhaber- und *Teilnehmerbetrieb* unterscheiden sich wie folgt:

Teilhaberbetrieb — Kommunikation mit einem Programm,

Teilnehmerbetrieb — Kommunikation mit dem DV-System.

Bei ersterem führen alle Nutzer ihre speziellen Daten einer zentral organisierten Aufgabenbearbeitung in Gestalt eines festen Programms zu und erhalten vom System die entsprechende Antwort oder Lösung. Ein Beispiel ist die zentrale Platzbuchung einer Fluggesellschaft oder eine zentrale Kontoführung. Beim Teilnehmerbetrieb lösen viele Benutzer unabhängig voneinander ihre verschiedenen Aufgaben mit voneinander unabhängigen Programmen auf einer DVA. Jeder Nutzer hat den Eindruck, daß ihm die DVA allein zur Verfügung steht. In Wahrheit wird nach dem *Prinzip der Zeitteilung* (*time sharing*) jedem Teilnehmer zyklisch umlaufend ein Zeitquantum zur Bearbeitung seiner Aufgabe zur Verfügung gestellt. Durch die hohe Arbeitsgeschwindigkeit moderner DVA genügen Zeiten im Bereich von 50 ms, um einen befriedigenden Bearbeitungsfortgang zu erreichen. Dabei können Prioritäten berücksichtigt werden, die ihrerseits zu Warteschlangen führen.

Die genannten Betriebsarten erfordern spezielle BS. Speziell der Teilnehmerbetrieb stellt hohe Anforderungen an ein BS. Der schnellen Bearbeitung einer Aufgabe steht ein hoher interner organisatorischer Aufwand gegenüber, der mit dem ständigen Wechsel der Aufgabenbearbeitung verbunden ist.

Schließlich sei noch erwähnt, daß die *Kopplung zweier oder mehrerer Rechner* spezielle BS-Komponenten erfordert. Diese haben die Aufgabenverteilung im Sinne einer gleichmäßigen Auslastung des Rechnersystems vorzunehmen sowie bei technischen Ausfällen geeignete Umdispositionen zu treffen. Solche Kopplungen sind die Grundlage konzipierter *Rechnernetze*, deren Zielstellungen Daten-, Aufgaben-, Betriebsmittel-, Last- und Sicherheitsverbund sowie höhere Verfügbarkeit sind.

4.2. *Jobverarbeitung und Bibliotheksführung im Betriebssystem* DOS/ES

4.2.1. *Aufgaben der Jobsteuerung*

Ein *Job* ist eine Abarbeitungseinheit auf dem DV-System. Die *Jobsteuerung* (*Job Control*) ermöglicht den automatischen Übergang von Job zu Job und von Jobschritt zu Jobschritt bei Stapelverarbeitung im Hintergrundbereich und – falls bei der Systemgenerierung vorgesehen – auch in den Vordergrundbereichen. Ein Beispiel dazu wurde bereits im Abschn. 4.1.2. Punkt 5 gegeben. Ein Job kann aus mehreren Jobschritten bestehen, speziell auch aus mehreren verschiedenen Programmen. Das Jobsteuerprogramm tritt nur zwischen den einzelnen Jobschritten in Aktion und wird vorher jeweils vom Supervisor in den Hauptspeicher geladen.

Das *Jobsteuerprogramm* hat entsprechend den Jobsteueranweisungen verschiedene Aufgaben.

Der *Programmlaufvorbereitung* dient das Laden des Programms bzw. der Phasen aus der Phasenbibliothek des residenten Plattenstapels in den Hauptspeicher zur Ausführung. Ferner ist das Jobsteuerprogramm für die Zuweisung der *physischen E/A-Geräte* zu den bei der Programmierung benutzten *logischen E/A-Geräten* zuständig. Die Verwendung logischer Gerätenamen hat den Vorteil, daß sich der Programmierer nur auf die Geräteklasse festlegen muß, während erst zur Ausführungszeit entsprechend der Verfügbarkeit das tatsächliche physische Gerät zugeordnet werden kann. Folgende Festlegungen wurden getroffen:

logischer Gerätename	mögliche Gerätetypen	Verwendung
SYSRDR	KL, MB, MP	Eingabe von Jobsteueranweisungen
SYSIPT	KL, MB, MP	Eingabe von Programmen
SYSPCH	KS, MB, MP	Stanzausgabe
SYSLST	ZD, MB, MP	Druckausgabe
SYSLOG	AE, ZD	Abfrageeinheit für Bedienernachrichten und zum Ausschreiben der Jobsteueranweisungen
SYSLNK	MP	Eingabegerät für den Programmverbinder
SYSRES	MP	Systemresidenzbereich (enthält die Steuer- und Serviceprogramme des Betriebssystems, die Sprachübersetzer, die öffentlichen Bibliotheken der Quelltexte, Objektmoduln und Phasen)
SYSSLB	MP	private Quelltextbibliothek
SYSRLB	MP	private Objektmodulbibliothek
SYS000 ⋮ SYSmax	KL, KS, ZD, MB, MP	für programmlogische Zwecke

Häufig sind SYSRDR und SYSIPT demselben physischen Gerät zugeordnet (SYSIN). Die Abkürzungen KL, KS, ZD, AE, MB und MP bedeuten der Reihe nach Kartenleser bzw. -stanzer, Zeilendrucker, Abfrageeinheit, Magnetband- bzw. Magnetplattenspeicher.

Die neun logischen Gerätenamen SYSRDR bis SYSRLB betreffen die sogenannten *systemlogischen Geräte*, während die restlichen Gerätenamen sich auf *programmlogische Geräte* beziehen. Die systemlogischen Geräte werden sowohl von den Systemsteuer- und Systemverwaltungsprogrammen als auch vom Programmierer bei Anwenderprogrammen benutzt. Je nach der Verarbeitungsart (Stapelverarbeitung, Einzelverarbeitung) ist bei letzteren die Benutzung gewisser systemlogischer Geräte eingeschränkt.

Für alle physischen Geräte werden bei der Systemgenerierung Standardzuordnungen getroffen. Dieser Standard gilt, falls für einen Job keine anderweitige Zuweisung explizit (mittels ASSGN-Steueranweisung) erfolgt.

Beispiel:

Physisches Gerät	Kanal- und Geräteadresse (hexadezimal)	logische Geräte
Kartenleser	ØØC	SYSRDR, SYSIPT
		SYSIN
Kartenstanzer	ØØD	SYSPCH
Paralleldrucker	ØØE	SYSLST
Abfrageeinheit	Ø1F	SYSLOG
Magnetplattenspeicher 1	19Ø	SYSRES, SYSØØ1, SYSØØ2
Magnetplattenspeicher 2	191	SYSLNK, SYSØØ3
Magnetbandspeicher 1	28Ø	SYSØØ4
Magnetbandspeicher 2	281	SYSØØ5

Die drei programmlogischen Geräte SYSØØ1—SYSØØ3 werden von den Sprachübersetzern als Arbeitsbereich benutzt. Die dreistellige Adresse enthält in der ersten

Stelle die Kanalnummer (Ø für den Multiplexkanal; 1, 2, ... für die entsprechenden Selektorkanäle) und in den übrigen zwei Stellen die Gerätenummer. Wie das Beispiel zeigt, können mehrere logische Geräte einem physischen Gerät zugeordnet werden.

Für die Arbeit mit der Programmiersprache FORTRAN sind jedem logischen Gerätenamen genau eine *Dateinummer* und genau ein *logischer Dateiname* fest zugeordnet. Erstere wird in den E/A-Anweisungen von FORTRAN benutzt, letzterer in den Jobsteuerbefehlen bei Dateiverarbeitung mit Kennsätzen. Beispiele solcher Zuordnungen von Dateinummer und logischem Dateinamen: SYSIPT – 1 – IJSYSIN, SYSLST – 3 – IJSYSLS, SYSØØ1 – 4 – IJSYSØ1 usw. Weiterhin besorgt das Jobsteuerprogramm *Eintragungen in den Verständigungsbereich* im Supervisor. Für jedes Programm werden u. a. die folgenden für die Jobverarbeitung nötigen Informationen dort festgehalten: Jobdatum, Jobname, Programmschalterstellungen (UPSI-Byte), Adressen.

Bei Arbeit mit MB- bzw. MP-Dateien ist ferner das *Aufbereiten und Speichern von Kennsätzen* erforderlich. Diese Kennsätze dienen zur Identifikation, zur Beschreibung und zum Schutz der Datei.

Schließlich hat die Jobsteuerung den *Wiederanlauf eines Programms* von einem Prüfpunkt aus, etwa nach zu Kontrollzwecken zwischengeschalteter Anfertigung eines Speicherabzuges, zu besorgen.

4.2.2. Jobsteuerbefehle — Jobsteuersprache

Mit den entsprechenden *Jobsteuerbefehlen* ist der Programmierer in der Lage, die maschineninterne Organisation einer Problembearbeitung vollständig zu automatisieren. Durch das Einfügen der Jobsteuerbefehle in den Stapel aus Programmen und Daten werden die entsprechenden Funktionen der Jobsteuerung des Betriebssystems wie z. B. Jobeingabe, Übersetzung, Abarbeitung ausgelöst. Man spricht von Stapelverarbeitung.

Jobsteuerbefehle stehen gleichfalls dem Bediener für Eingriffe in die Abarbeitung sowie für die Steuerung der Einzelprogrammverarbeitung zur Verfügung. Entsprechende *Jobsteueranweisungen* und *Jobsteuerkommandos* sind in ihrer Wirkungsweise gleich. Sie unterscheiden sich in ihrem Gültigkeitsbereich. Eine Jobsteueranweisung gilt nur für den ihr im Jobstrom folgenden Job, ein Jobsteuerkommando gilt permanent bis zur Aufhebung durch ein neues Kommando.

Format einer Jobsteueranweisung:

// operation operand1, ...,operand*n*

Die Zahl der Operanden ist von der Anweisung abhängig, gewisse Operanden sind wahlfrei. Statt eines Leerzeichens können auch mehrere stehen, der Operationscode darf maximal 8 Zeichen lang sein. Ausnahmen von diesem Format sind die Jobschrittende- und die Jobendeanweisung, die mit /* bzw. /& beginnen. Jobsteuerkommandos beginnen mit der Angabe Operation ohne Schrägstriche.

Wir wollen nunmehr einige der für den Programmierer wichtigsten Jobsteuerbefehle angeben. Operanden in eckigen Klammern [ ] können entfallen, geschweifte Klammern { } enthalten Alternativoperanden, von denen einer gewählt werden muß.

1. Jobanfang

   // JOB jobname [kommentar]

   Der Jobname kann aus beliebigen alphanumerischen Zeichen bestehen. Im Kommentar werden der Name des Programmierers und eine Abrechnungsnummer u. a. festgehalten. Diese Anweisung wird i. a. zusammen mit dem Datum und der Uhrzeit auf SYSLST protokolliert.

2. Jobschritt

   // EXEC [programmname]

   Diese letzte Steueranweisung zu einem Jobschritt startet die Phase mit dem Namen programmname aus der residenten

Phasenbibliothek. Der Programmname kann entfallen, wenn ein Programm unmittelbar nach dem Verbinden im gleichen Job auszuführen ist.

3. Dateiende

/*
Diese Anweisung muß letzte Anweisung jeder Eingabedatei (z. B. einer FORTRAN-Programmeinheit oder von Eingabedaten eines Programms) über SYSIPT sein.

4. Jobende

/& [kommentar]
Diese Karte muß die letzte jedes Jobs sein. Der Kommentar darf ab Stelle 14 beginnen. Die Protokollierung erfolgt auf SYSLST und SYSLOG in der Form EOJ jobname [kommentar]. Auf SYSLST werden i. a. Tageszeit und Jobdauer zusätzlich ausgegeben.

5. Gerätezuweisung

$$// \text{ ASSGN SYSxxx,} \begin{Bmatrix} \text{X'cuu'} \\ \text{UA} \\ \text{IGN} \end{Bmatrix} \text{[,ALT]}$$

Dem logischen Gerätenamen SYSxxx wird die physische Adresse cuu (c Kanalnummer, uu Gerätenummer) zugewiesen, oder es erfolgt die Aufhebung der Zuordnung mit Jobabbruch bei Benutzung des Gerätes (UA) bzw. mit Ignorierung (IGN). ALT bewirkt die Zuweisung eines Wechselbandgerätes bei Überschreiten der Kapazität des ursprünglichen Bandes.

Beispiel: Zuweisung von SYSØØ8 an den Subkanal 10 des Multiplexkanals

// ASSGN SYSØØ8,X'ØØA'

6. Auswahlbedingungen

// OPTION auswahl1,auswahl2, ...,auswahl*n*
Die Auswahlbedingungen betreffen Varianten der Arbeit des Jobprogramms und bestimmter Verarbeitungsprogramme. Die getroffenen Auswahlbedingungen können noch vor Jobende durch Setzen der entsprechenden Gegenbedingungen geändert werden. Im einzelnen gibt es u. a.:

LOG (NOLOG) Ausgabe der Jobsteueranweisungen auf SYSLST,

DUMP (NODUMP)	Hauptspeicherabzug bei Jobabbruch auf SYSLST,
LINK (NOLINK)	Ankündigung des Programmverbinderlaufs nach der Übersetzung, daher Ausgabe auf SYSLNK,
DECK (NODECK)	Objektmodulausgabe auf SYSPCH,
LIST (NOLIST)	Ausgabe des Quellmoduls und Übersetzungsprotokolls aus SYSLST,
LISTX (NOLISTX)	Objektmodulausgabe auf SYSLST bei PL/1,
ERSS (NOERSS)	Ausdruck einer Fehlerliste auf SYSLST bei einer Übersetzung
CATAL	Katalogisieren einer Phase in der Phasenbibliothek auf SYSRES. Dabei wird LINK automatisch gesetzt.

Die betreffenden Negationen wurden in Klammern aufgeführt. Bei der Systemgenerierung werden Standards für die Auswahlbedingungen festgelegt (z. B. LOG, NODUMP, NOLINK, NODECK, LIST, NOLISTX, ERSS).

Beispiel: // OPTION CATAL,LIST,DUMP,LOG

Eine Reihe weiterer Jobsteuerbefehle sei nur in Verbindung mit ihrem Operationscode genannt: MTC (Magnetbandsteuerung), DATE (Einstellen des Datums), RESET (Rücksetzen von Zuordnungen auf Standardwerte), DLBL (Aufbereiten und Speichern von Kennsatzinformationen), EXTENT (Zuweisen von Plattenbereichen), TLBL (Kennsatzinformationen für Bandkennsätze), CLOSE (Abschließen eines Ausgabegerätes), UPSI (Setzen von Benutzerprogrammschaltern).

4.2.3. Aufgaben des Programmverbinders

In Abb. 4-1 wurde eine Übersicht der Entwicklungsstadien eines Programms gegeben. Daraus ist ersichtlich, daß ein Programm vor dem Abarbeiten grundsätzlich durch den *Programmverbinder* (*Linkage Editor*) aufbereitet werden muß. Dieser führt die Vereinigung von

Objektmoduln zu *Phasen* durch und speichert diese stets in der temporären Phasenbibliothek und wahlweise in der residenten Phasenbibliothek (Katalogisieren). Dabei regeln die in den Jobstrom eingeführten *Programmverbinderanweisungen* die Reihenfolge der Einfügung der einzelnen Moduln in die Phasen. Ein Programm kann als *Ein-* oder *Mehrphasenprogramm* aufgebaut werden. Die verbundenen Moduln einer Phase können eine unterschiedliche Herkunft haben, d. h. durch Übersetzung aus verschiedenen Quellsprachen hervorgegangen sein.

Eine zentrale Aufgabe des Programmverbinders ist es, Relativadressen in absolute Adressen umzuwandeln sowie adressenmäßige Bezüge zwischen den Moduln herzustellen. Eine Phase ist damit auf einen bestimmten Platz im Hauptspeicher festgelegt oder *unverschieblich*.

Aus Abb. 4-1 gehen die E/A-Medien des Programmverbinders hervor. Der Programmverbinder bezieht seine Steueranweisungen über SYSLNK oder die Systemmodulbibliothek (SYSRES) oder die private Modulbibliothek (SYSRLB) in Verbindung mit den zu verarbeitenden Moduln.

Bereits // EXEC LNKEDT, // OPTION LINK, // OPTION CATAL beziehen sich auf den Programmverbinder. Da // EXEC LNKEDT den Verbinderlauf auslöst, müssen alle Programmverbinderanweisungen eines Programms dieser Jobsteueranweisung im Eingabestrom vorangehen. Die eigentlichen Programmverbinderanweisungen (ACTION, PHASE, INCLUDE, ENTRY) betreffen Modifikationen des Verbinderlaufs, den Phasenaufbau eines Programms und Moduleinfügungen.

4.2.4. Bibliotheksführung

Die Arten von Bibliotheken und ihre Stellung im Verarbeitungsprozeß wurden bereits erwähnt (vgl. auch Abb. 4-1). Wir haben unterschieden: *residente* und *pri-*

vate Quelltextbibliothek, residente und *private Objektmodulbibliothek* und die *Phasenbibliothek,* wobei letztere für zeitweilige Speicherungen zusätzlich einen *temporären Bereich* besitzt.

Sämtlichen Verkehr mit diesen Bibliotheken regelt das Serviceprogramm „*Bibliothekar*“. In Abb. 4-1 wurde auf diesbezügliche Angaben verzichtet. Der Bibliothekar hat folgende drei Hauptfunktionen:

- Wartungsfunktion zur Pflege der Quellmoduln oder Bücher, Objektmoduln oder kurz Moduln und der Phasen in den entsprechenden Bibliotheken. Hierzu zählen: Katalogisieren, Löschen, Umbenennen, Verdichten, Neuzuordnen, Aktualisieren, Verdichtungsgrenzen setzen,
- Servicefunktion zum Ausdrucken oder Ausstanzen von Büchern, Moduln, Phasen,
- Kopierfunktion zur Übernahme von Teilen der Systemresidenz auf eine Platte, z. B. zur Erstellung einer Privatbibliothek.

Anforderungen an den Bibliothekar erfolgen in Gestalt von Jobsteueranweisungen und sogenannter Spezifikationsanweisungen zur Festlegung der geforderten Funktion. Erstere werden über SYSRDR eingelesen, letztere über SYSIPT.

Hier soll nur kurz auf Anweisungsfolgen zum Katalogisieren eingegangen werden:

1. Katalogisieren in der Objektmodulbibliothek

```
// EXEC MAINT
   CATALR modulname[,v.m][,SYSLNK]
   ⟨Modul⟩
/*
```

Der Modulname besteht aus maximal 8 Zeichen und darf nicht mit "*" beginnen. Die Angabe SYSLNK bedeutet, daß die Katalogisierung des Moduls von SYSLNK aus erfolgt. In diesem Fall muß zur Identifikation dem Modul auf SYSLNK die Anweisung

```
CATALR modulname
```

vorangehen.

2. Katalogisieren in der Phasenbibliothek

   Dieser Vorgang läuft unter Regie des Programmverbinders mit OPTION CATAL und EXEC LNKEDT

   Beispiel:
```
// JOB BEISP
// OPTION CATAL
   INCLUDE
   <Objektmodul>
/*
// EXEC LNKEDT
/&
```

4.2.5. *Beispiele*

1. S. Abb. 4-2: Es wird ein FORTRAN-Programm über SYSIPT eingegeben, übersetzt und mit verschiedenen Daten je einmal abgearbeitet. Es soll der Gerätestandard von Abschn. 4.2.1. gelten.

2. Ein FORTRAN-Quellprogramm ist zu übersetzen und in der Modulbibliothek zu katalogisieren.

```
// JOB PROG
// OPTION LINK
   INCLUDE
   CATALR PROG
/*
// EXEC FFORTRAN
   <FORTRAN-Quellprogramm>
/*
// EXEC MAINT
   CATALR PROG, SYSLNK
/*
/&
```

4.3. *Datenorganisation*

4.3.1. *Allgemeines*

Große Datenbestände sind besonders in der ökonomischen Datenverarbeitung anzutreffen. Aber auch andere Anwendungsgebiete, wie beispielsweise die Leitung und Planung in der Wirtschaft und selbst die wissenschaftlich-technischen Berechnungen, beziehen in ständig steigendem Maße umfangreichere Informationen in die Verarbeitungsprozesse ein. Mit der Automatisierung der Datenverarbeitung werden für solche Datenbestände die Wahl der Datenträger, *die Strukturierung, die Zugriffsorganisation, das Sortieren und Suchen* zu zentralen Problemen.

Es sollen einige wichtige Aspekte der Datenorganisation dargestellt werden, die bereits in vielen Systemunterlagen (vgl. Abschn. 4.4.) Eingang gefunden haben.

Es geht bei der Datenorganisation im Kern um solche Anordnungen von gespeicherten Daten, die eine schnelle Wiederauffindung ermöglichen. Das schließt die Möglichkeiten der Verarbeitung von Datenbeständen (Änderung, Erweiterung, Löschen, Umspeicherung u. a.) ein. Dazu sind erforderlich [28]:

1. Die Strukturierung der Datenmenge in Organisationseinheiten;
   Organisationseinheiten in der Reihenfolge wachsenden Umfangs sind: *Bit-Zeichen-Feld-Satz-Datenbestand* oder *Datei* (s. auch Abschn. 1.2.). Hinzu kommen später die Begriffe Segment und Block. Für den Datenorganisator beginnt die Strukturierung erst beim Begriff Feld. Die Strukturierung bedarf geeigneter Ordnungsbegriffe;
2. die Zuordnung der Organisationseinheiten zu Speicherplätzen;
3. die Bildung einer formalen Speicherordnung zum schnellen Zugriff entsprechend den physischen Besonderheiten des gewählten Speichers.

4.3.2. Dateien

Eine *Datei* ist eine geordnete Menge von Daten, die gleichartige Objekte beschreibt und für eine Verarbeitung mit einer DVA vorgesehen ist [7]. Das Wort Datei entstand aus den Wörtern Daten und Kartei. Beispiele sind die Personaldatei eines Betriebes oder die Datei der Konten einer Sparkasse.

Die zu einem Objekt gehörigen Daten bezeichnet man als *Satz*. Ein Beispiel sind die Daten eines Beschäftigten in der Personaldatei. Ein Satz ist in Felder gegliedert, die je ein eigenes Attribut besitzen. Ein Feld jedes Satzes dient zur Identifikation des Objektes, es heißt *Schlüsselfeld* und enthält den Schlüssel (auch Sortier- oder Ordnungsbegriff genannt). Damit existiert für eine Datei ein numerischer oder alphanumerischer Ordnungsbegriff, der eine *Sortierung* ermöglicht.

Die Besonderheiten der Datenträger Magnetband und Magnetplatte führen zum Begriff des *Blockes*. Da diese Datenträger eine zusammenhängende Datenaufzeichnung von der nächsten durch eine Aufzeichnungslücke trennen, die im Grunde ungenutzten Speicherplatz verkörpert, ist es ratsam, mehrere Sätze zu einem Block zusammenzufassen. Man spricht auch von *physischen Sätzen* im Gegensatz zu den *logischen Sätzen*. Ein Block kann selbstverständlich auch nur einen Satz enthalten. Gilt das für alle Sätze der Datei, spricht man von *ungeblockten Sätzen*, sonst von *geblockten Sätzen* (s. Abb. 4-5). Ist die Zahl der Sätze pro Block für eine Datei konstant, so heißt diese Zahl *Blockungsfaktor*.

Abb. 4-5. Datei mit geblockten Sätzen fester Länge (Blockungsfaktor 3)

Ein Block ist die kleinste Einheit für einen Datentransfer zwischen Hauptspeicher und peripherem Datenträger. Erwähnt sei noch, daß die Daten in einer Lochkarte oder Druckzeile ebenfalls einen Block ausmachen.

Unterschieden werden bei den Standard-Satzformaten (ESER) Dateien mit fester Satzlänge (alle Sätze sind gleich lang) von solchen mit variabler Satzlänge. Bei variabler Satzlänge wird diese im ersten Feld jedes

Satzes festgehalten, außerdem ist je Block ein Feld für die Blocklänge erforderlich. Es gibt ferner auch sogenannte *segmentierte Sätze.* Diese Sätze variabler Länge können auf mehrere Blöcke aufgeteilt werden, so daß die gerätetechnisch bedingte maximale Blocklänge nicht die Satzlänge begrenzt. Jedes Segment enthält ein Feld mit seiner Längenangabe, die Blocklänge ist bei segmentierten Sätzen fest. Die Abb. 4-6 verdeutlicht die Satzformate mit variabler Satzlänge.

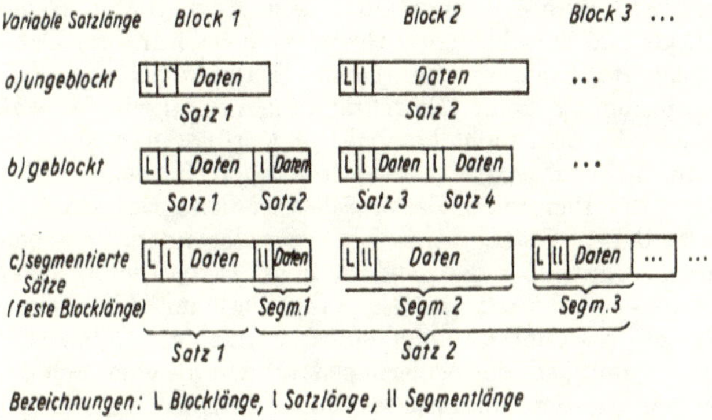

Abb. 4-6. Satzformate bei variabler Satzlänge

Die Segmentierung übernimmt das Betriebssystem. Erforderlich ist dazu lediglich die Blocklänge.

Den geringsten Verarbeitungsaufwand hat das feste Satzformat, während der geringste Speicherbedarf i. a. beim variablen Format liegt. Es sollte zunächst stets versucht werden, eine Datei mit fester Satzlänge zu definieren.

Erwähnt sei noch die sogenannte *undefinierte Satzlänge.* Es handelt sich um Sätze variabler Länge ohne Längen- und Blockungsangabe. Dieses Format wird bei ESER nur wenig unterstützt.

4.3.3. Verarbeitungs- und Organisationsformen von Dateien

Die für Dateien wichtigsten Speicher, Magnetband und Magnetplatte, unterscheiden sich in der Art der Verarbeitung. Magnetbänder gestatten nur *sequentielle Verarbeitung* (*Reihenfolgezugriff*), Magnetplatten aber darüberhinaus *wahlfreie Verarbeitung* (*Direktzugriff*). Einige Dateiformen sind nur bei Direktzugriffspeichern möglich. Während man auf einem Magnetband in der Praxis aus verschiedenen Gründen meist nur eine Datei speichert, bestehen bei einem Magnetplattenspeicher diesbezüglich keine Einschränkungen. Allerdings muß eine Datei dort nicht kompakt angeordnet sein, sondern kann mehrere separate Bereiche belegen. Ursache hierfür kann die Benutzung der durch verfallene Dateien freigewordenen Plätze sein. Ein grundlegender Verarbeitungsvorgang ist das Ändern oder Aktualisieren einer *Stamm-* oder *Bestandsdatei* (langlebig) mit Hilfe einer *Änderungs-* oder *Bewegungsdatei* (kurzlebig). Dabei enthalten die Sätze der Änderungsdatei den gleichen Schlüssel wie die der Stammdatei. Jeder Satz der Änderungsdatei bewirkt entweder die Änderung eines schon vorhandenen Satzes oder dessen Löschung oder die Einfügung eines neuen Satzes. Es entsteht die nächste „*Generation*" der Stammdatei.

Die beiden Dateien seien sortiert. Dann bedeutet sequentielle Verarbeitung, daß die Sätze der Stammdatei in ihrer Reihenfolge je einmal gelesen werden, unabhängig davon, ob ein Satz verändert wird oder nicht. Das Prinzip zeigt Abb. 4-7.

Bei wahlfreier Verarbeitung brauchen nur die Sätze gelesen zu werden, die in die Verarbeitung eingehen, wobei die Speicherreihenfolge der Sätze keine Rolle spielt. Aufgerufen werden müssen beim Beispiel des Änderungsdienstes also nur die Sätze, deren Schlüsselwerte denen der Änderungsdatei gleich sind.

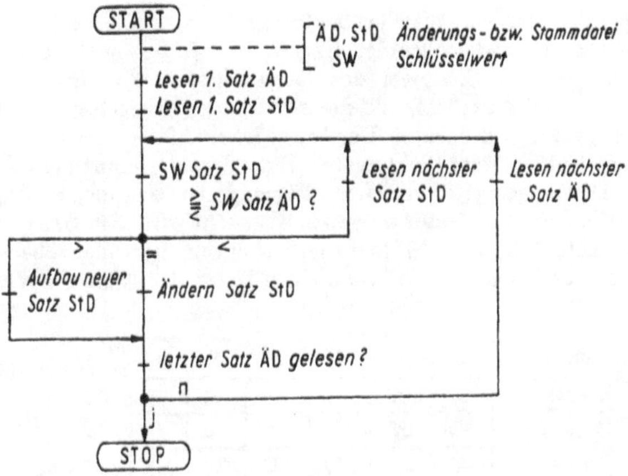

Abb. 4-7. Beispiel einer sequentiellen Verarbeitung

4.3.3.1. *Sequentielle Dateien*

Bei dieser einfachsten Dateiorganisation werden die Sätze in der Reihenfolge ihrer Bereitstellung lückenlos fortschreitend abgespeichert (z. B. auf Magnetband). Eine wirtschaftliche Verarbeitung setzt die Sortierung der Datei voraus. Die Sortierung wird mit der Übertragung der Datei auf ein neues Exemplar des Datenträgers verbunden. Für sequentielle Dateien ist nur die sequentielle Verarbeitung ökonomisch. Die Durchführung eines Änderungsdienstes erfordert ebenfalls die Aufzeichnung auf einem anderen Datenträger oder Datenträgerbereich.

Die Länge einer sequentiellen Datei ist nicht begrenzt.

4.3.3.2. *Indexsequentielle Dateien*

Die *indexsequentielle Datei* ist eine Erweiterung der sequentiellen Datei. Durch Hinzufügen einer oder mehrerer Adreßtabellen, sogenannter *Indexe*, wird das Wiederauffinden eines Satzes wesentlich verkürzt. Diese Dateiform wird häufig benutzt, erfordert aber einen Speicher mit Direktzugriff und Sortierung der Sätze.

Gegenüber der sequentiellen Datei erfolgt eine Einteilung in Gruppen aufeinanderfolgender Sätze. Der Index enthält für jede Gruppe den Schlüssel des letzten Satzes (= höchster Schlüsselwert der Gruppe) und die Adresse des ersten Satzes der Gruppe innerhalb der Datei. Der Index ist ebenfalls sortiert. Die Suche nach einem Satz (Schlüsselwert) der Datei beginnt man im Index. Dieser gestattet die Lokalisierung der Gruppe, in der ebenso wie vorher im Index sequentiell gesucht wird. Ein Beispiel enthält Abb. 4-8. Dieses Prinzip läßt sich auf die Indextabelle erneut anwenden usf., so daß man einen Index der zweiten Stufe

Schlüssel	Adresse
80	Gruppe 1
111	Gruppe 2
162	Gruppe 3
415	Gruppe 4

Index

1	2	3	4	5	6	Satz / Gruppe
47	55	72	73	75	80	1
95	99	100	104	110	111	2
120	121	130	135	149	162	3
200	250	300	321	370	415	4

Datei

Die Sätze sind nur durch ihre Schlüsselwerte angegeben

Abb 4-8 Aufbau einer indexsequentiellen Datei mit einem Index

usf. aufbaut. Die Suche beginnt dann im Index höchster Stufe und schreitet von Stufe zu Stufe herab, bis die Datei (Index nullter Stufe) erreicht ist. Bei Voraussetzung einheitlicher Gruppengröße innerhalb jeder Stufe ergibt sich der geringste Suchaufwand, wenn die Gruppengröße g auf allen Stufen gleich ist und aus

$$g^{m+1} = n$$

ganzzahlig ermittelt wird, wo m die höchste vorgesehene Indexstufe und n die Zahl der Sätze der Datei ist. Beispiel: $n = 1000$, $m = 2 \rightarrow g = 10$. Die Suche eines Satzes erfordert im Mittel 16,5 Vergleiche gegenüber 501 Vergleichen bei Suche ohne Index.

Bei der Speicherung einer indexsequentiellen Datei auf einem Wechselplattenspeicher wird folgende Anordnung der Indexe getroffen: Auf Zylinder 1 befinden sich *Haupt- und Zylinderindex.* Über den Hauptindex erfolgt die Ermittlung der Zylindergruppe, in der sich der Satz befindet. Der Zylinderindex vermittelt zum *Spurindex* des entsprechenden Zylinders, und der

Spurindex schließlich führt zur Spur des Satzes im Haupt- oder Überlaufbereich des Zylinders. Die Suche in einem Wechselplattenspeicher läuft damit über einen dreistufigen Index.

Der Überlaufbereich eines Zylinders wird hinter dem Hauptbereich angeordnet und dient zur Aufnahme von Zugängen, die im Hauptbereich keinen Platz finden. Bezüglich weiterer Einzelheiten muß auf [7, 28] verwiesen werden.

4.3.3.3. *Weitere Organisationsformen von Dateien*

Zu den *linear organisierten Dateien* rechnet man weiter Dateien mit

— *einfach geketteter Organisation,*
— *doppelt geketteter Organisation* und
— *gestreuter Organisation.*

Bei der einfachen Kettung enthält jeder Satz einen Zeiger, der auf den logisch nächsten Satz verweist. Bei der doppelten Kettung kommt ein zweiter Zeiger zum Verweis auf den logisch vorhergehenden Satz hinzu. Schließlich wird bei gestreuter Organisation die Satzadresse über einen funktionalen Zusammenhang aus dem Schlüsselwert errechnet. Es bleiben hierbei Lücken im Speicher („gestreute Datei"), andererseits kann — abhängig von der abbildenden Funktion — Überlauf (Mehrfachbelegung) eintreten, der durch geeignete Maßnahmen zu beseitigen ist. Diese Form der Datei ist auf die wahlfreie Verarbeitung zugeschnitten und erfordert einen Direktzugriffsspeicher.

Bezüglich der nichtlinearen Datenorganisation sei auf [28] verwiesen.

4.3.4. *Bemerkungen zur Datenbank*

Die mit den Begriffen *Datenbank und Datenbankorganisation* zusammenhängenden Probleme sind heute Gegenstand umfangreicher Forschungs- und Entwicklungsarbeiten.

Bei einer Datenbank handelt es sich um große Datenbestände eines bestimmten Arbeitsgebietes oder Betriebes oder Wirtschaftszweiges in einer hochgradig integrierten Speicherung mit vielfältigen Verarbeitungsmöglichkeiten. Man unterscheidet den sogenannten *Datenpool* von dem *Datenbankverwaltungsprogramm bzw. Datenbankbetriebssystem.*

Die Leistungen einer Datenbank bestehen in:

1. der einmaligen, d. h. redundanzfreien Speicherung der Daten,
2. dem direkten Zugriff zu allen Daten,
3. vielfältigen Verarbeitungsmöglichkeiten, so daß eine anwendungsneutrale Speicherung erforderlich ist,
4. einem hohen Maß an logischen Zusammenhängen im Aufbau.

In Abschn. 4.4.1. werden erste Systemunterlagen des ESER zu dieser Problematik genannt.

4.4. Spezielle problemorientierte Systemunterlagen

Die vom VEB Kombinat Robotron für die Anlagen des ESER entwickelten *sachgebietsorientierten Programmiersysteme* (SOPS) und *verfahrensorientierten Programmiersysteme* (VOPS) bzw. *Programmpakete* (VOPP) sollen hier angeführt werden [31, 34]. Bei den SOPS und VOPS bzw. VOPP handelt es sich um sehr flexible Systeme hinsichtlich der Verwendung der Datenträger, der E/A und des Dateiaufbaus. Die Anpassungsfähigkeit an die Aufgabenstellungen und die Gerätekonfiguration des Anwenders wurde besonders berücksichtigt. Die Systeme gestatten den Einbezug von Eigenprogrammen. Mit diesen zentralen Systemunterlagen werden eine Rationalisierung und eine deutliche Verkürzung der Projektierungszeit in der DV erreicht. Es schließen sich

Bemerkungen über wichtige in der DDR entwickelte Systemunterlagen zum Teilnehmerbetrieb und zur Digitalgrafik an.

4.4.1. *Sachgebietsorientierte Programmiersysteme* (SOPS)

Die SOPS sind Programmiersysteme für ökonomische bzw. ökonomisch-technische Aufgabenstellungen. Einige SOPS sind als allgemeine Datenbanklösungen anwendbar. Programmtechnisch handelt es sich um Generatoren, die auf Grund entsprechender Parameter spezielle Anwendungsprogramme erzeugen.

Im einzelnen stehen im DOS/ES und OS/ES zur Verfügung (Auswahl):

BASTEI (nur DOS)	Bankspeicherung verketteter Dateien insbesondere aus der Technik,
SAWI (nur DOS)	System zum Abspeichern und Wiederauffinden formatisierter Datenbestände,
DBS/R (nur OS)	System zum Aufbau und zur Verwaltung von Datenbänken,
AIDOS	Automatisiertes Informations- und Dokumentationssystem,
PLUS	Planung und Steuerung der Produktion,
MAWI	Materialwirtschaft,
GRUMI	Grundmittel- und Instandhaltungsrechnung,
KOMPASS	Komplexe Betriebsplanung,
TEVO (nur OS)	Planung der technischen Vorbereitung der Produktion,
PAAK	Planung und Abrechnung der Arbeitskräfte.

4.4.2. *Verfahrensorientierte Programmiersysteme* (VOPS) *bzw. Programmpakete* (VOPP)

Hier wurden jeweils ökonomische Aufgaben bzw. wissenschaftlich-technische Berechnungen zusammengefaßt, die mit Hilfe bestimmter verwandter mathematischer bzw. mathematisch-technischer Methoden gelöst werden.

Programmtechnisch handelt es sich bei einem VOP um eine Menge von Moduln (Programme bzw. Programmabschnitte), von denen interessierende zu einem Problemprogramm mit Hilfe eines Rahmenprogramms, das i. a. in FORTRAN zu schreiben ist, vereinigt werden können. Bei den VOPS wird ähnlich verfahren, nur ist das Problem vorher in einer speziellen Sprache zu beschreiben.

Es stehen im DOS/ES und OS/ES zur Verfügung:

OPSI Optimierung mittels Simplextechnik (VOPS),

DISKO (nur OS) Diskrete Optimierung (VOPP), Im DOS/ES getrennt als Optimierung diskret und Transportoptimierung,

STATISTIK Mathematisch- und ökonomisch-statistische Verfahren (VOPP),

SIMDIS Simulation von Systemen mit diskreten Erzeugniszeitpunkten (VOPS),

NUMERISCHE MATHEMATIK (VOPP) Standardaufgaben der Numerik,

NETZPLANTECHNIK Berechnung von Netzplänen nach CPM und PERT, Zeitwertreduzierung, Kostenoptimierung, Ressourcenbilanzierung (VOPP),

AUTRA (nur DOS) Automatische Tragwerkberechnung: Berechnung von Stab-Masse-Systemen, Flächentragsystemen u. a. (VOPP).

4.4.3. *Bemerkungen zum Mehrfachzugriffsystem* MS-ALGOL

Es soll ein spezielles, unter Leitung von C. Polze [46] entwickeltes Teilnehmersystem, das *Mehrfachzugriffsystem* MS kurz dargestellt werden. Dieses orientiert auf die Geräte des ESER als technische Basis, wobei eine bestimmte Mindestkonfiguration erforderlich ist (u. a. mindestens eine Zentraleinheit ES 1020 mit 128 K Bytes Hauptspeicherkapazität). Die Kommunikation zwischen den Nutzern und dem System erfolgt über Bildschirmterminals. Für die off-line-E/A von Benutzerinformationen und die Operatorbedienung stehen Abfrageeinheit, Schnelldrucker, Kartenleser und Lochstreifenstation zur Verfügung. Ferner werden Wechselplattenspeicher für Benutzerfilesysteme sowie zusätzlich Magnetbandgeräte für Sicherungs- und Wiederstartvorkehrungen benutzt. Programmiersprache im Rahmen des MS ist eine eigene ALGOL 60-Version: MS-ALGOL. Das MS arbeitet autonom auf der Grundlage umfangreicher Steuerprogramme wie z. B. Supervisor, Fileprozessor und Konsolverwalter.

Obwohl das MS als experimentelles System konzipiert ist, bietet es umfangreiche Einsatzmöglichkeiten vorwiegend für wissenschaftlich-technische Berechnungen [46]:

- interaktive Programmeingabe mit dem Dialog-Compiler MS-ALGOL: Quellprogrammkorrekturen sind als sofortige Reaktion auf Fehlerausschriften bzw. unabhängig möglich, das Starten des fehlerfreien Objektprogramms ist möglich,
- interaktive Erprobung off-line eingegebener Quelltextfiles: Zur Verfügung stehen interaktive Fehleranalyseroutinen des MS-ALGOL, Einflußnahmen auf Variable sowie Protokollierungen sind beim Programmlauf vom Terminal aus möglich,
- Abarbeitung von Objektprogrammen mit programmkontrolliertem Dialog am Terminal,
- Abarbeitung von Dienstprogrammen für die Wartung und Pflege der benutzereigenen Filesysteme,
- Aufnahme weiterer Programmiersprachen und Anpassung an verschiedene Formen der Rechnerkopplung bieten weitere Dialogmöglichkeiten.

Grundlegende Strukturen des MS sind die Prozesse (die innere Organisation des MS besteht aus der konkurrenten Arbeit von Benutzer- und Systemprozessen im Multiprogrammbetrieb im virtuellen Speicher), der virtuelle Speicher und die Files. Letztere sind die Struktureinheiten zur Aufbewahrung von Programmen und Daten und gleichzeitig Grundlage für die *Kommandosprache* des MS (*Filemanipulation*). Beispielsweise bewirkt

$$\mathrm{OP} = \mathrm{ALGOL}\ (\mathrm{QP})$$

den Aufruf des ALGOL-Compilers, seine Anwendung auf ein Quellprogramm im File QP und die Abspeicherung des Objektprogramms im File OP.

Eine Beschreibung der Kommandosprache und einer Bildschirmsitzung enthalten [20] und [35].

4.4.4. Bemerkungen zur Digitalgrafik

Die *Digitalgrafik* kann man als spezielle Arbeitsrichtung der Informationsverarbeitung wie folgt definieren [47]: ***Digitalgrafik ist ein Arbeitsgebiet, das die Verarbeitung von Informationen über geometrische Objekte durch Digitalrechner zum Gegenstand hat, wobei die Informationen durch spezielle periphere Geräte in grafischer Beschreibungsform zwei- oder auch dreidimensional ein- und/oder ausgegeben werden.***

Es sind auch die Begriffe *grafische DV*, *geometrische DV*, *Digitalgeometrie* und *computer graphics* als Synonyma bekannt. Auch in der Digitalgrafik sind die beiden Arbeitstechniken „durchgängig automatisch“ (Stapelverarbeitungsmodus) und „interaktiv“ (Dialogmodus) zu unterscheiden. Spezielle digitalgrafische Geräte sind: *Bildschirmgeräte* (*interactive Displays*) für die Ein- und Ausgabe, *automatische Zeichenmaschinen* für die Ausgabe, untergliedert in *Plotter* mit hoher Zeichengeschwindigkeit und demgegenüber *Präzisionszeichenmaschinen* mit hoher Darstellungsgenauigkeit.

Zur Programmierung digitalgrafischer Aufgabenstellungen, die auch Teil weiterer problemspezifischer Berechnungen sein können, sind umfangreiche Systemunterlagen erforderlich. Beispielsweise benötigt die Ausgabe Systemunterlagen, die Befehle für gewisse geometrische Grundaktionen, wie das geradlinige Verbinden zweier Punkte, das Zeichnen von Kreisbögen, Markierungspunkten, Symbolen oder Text, in die notwendigen Elementarschritte zur Steuerung der Antriebe des entsprechenden Gerätes umwandeln. Hinzu kommen u. a. verschiedene Stricharten, Maßstab, Bezugspunkt, Fehlererkennung bei Programmen und Daten. Schließlich gibt es Programmpakete zur Behandlung gewisser geometrischer Aufgabenklassen wie etwa für zweidimensionale Probleme:

— Darstellung häufig auftretender Zeichnungselemente (Rechteck, Kreis, Pfeil usw.)

— Ausführung geometrischer Operationen und Berechnungen (Verschieben, Drehen, Schnittbildung, Projektion, Ausschnittvergrößerungen)

— Ausführung von Interpolationen für Kurven

— Ausführung darstellungsbezogener Berechnungen (Sichtbarkeit, Schraffur, Konturen).

Neben der Entwicklung neuer Programmiersprachen für digitalgrafische Probleme (z. B. SYMAP für numerisch gesteuerte Werkzeugmaschinen) stehen Erweiterungen von FORTRAN (z. B. DIGRA 73).

Die Anwendungsgebiete der Digitalgrafik sind zahlreich und in ständiger Ausweitung begriffen. Genannt seien nur: Bauentwürfe und -zeichnungen, Entwurf und Projektierung technischer geometrischer Systeme, Anwendungen in Kartografie, Diagramm- und Ablaufplandarstellung.

Als spezielle Systeme seien GIPS und DIGRA-73 zur Bearbeitung zwei- bzw. dreidimensionaler graphischer Probleme genannt. Diese wurden am Institut für Schiffbau Rostock bzw. an der Wilhelm-Pieck-Universität Rostock geschaffen. DIGRA-73 [41] stellt ein außerordentlich komplexes und leistungsfähiges System dar, das insbesondere die interaktive Arbeitsweise (Dialog Mensch—Mensch) betont. Dieses System arbeitet mit Bildschirmgerät und off-line betriebener lochstreifengesteuerter Zeichenmaschine.

5. Programmierung

5.1. Einleitung

Zur Lösung einer Aufgabe mit Hilfe einer Datenverarbeitungsanlage sind meistens umfangreiche Vorarbeiten erforderlich. Neben der Formulierung der Problem- und Zielstellung gehören dazu

- die mathematische oder logische Modellierung der Systeme und Prozesse,
- die Erfassung der benötigten Ausgangsdaten,
- die Auswahl von geeigneten Lösungsverfahren und
- die Programmierung.

Bis auf die Programmierung wurden die anderen Schritte bei derartigen Aufgabenstellungen auch vor der Erfindung der Datenverarbeitungsanlagen behandelt. Zum anderen nimmt der Einsatz solcher Anlagen starken Einfluß auf die vorbereitenden Phasen und fördert neue Qualitäten für den Umfang der Problemstellung, die Güte des Modells, die Genauigkeit der Daten sowie für die Auswahl und Anpassung der Lösungsalgorithmen.

Die unmittelbare Zusammenarbeit zwischen Mensch und Datenverarbeitungsanlage erfolgt mittels der *Programmierung.* Ihre Aufgabe ist es, den vorliegenden Algorithmus in eine Folge solcher Einzelschritte zu zerlegen, die die Anlage verarbeiten kann. Diese festgelegte Folge von Elementaroperationen, die eine Arbeitsvorschrift für die Verfahrenslösung darstellt, nennt man das Programm, dessen Herstellung: *Programmieren.* Die Elementaroperationen werden durch Befehle beschrieben. Ein *Programm* ist also eine systematische Beschreibung des Datenverarbeitungsprozesses.

Es wird in einer *Programmiersprache* geschrieben, die sich aus eindeutig definierten Elementen wie Befehlsworten oder Anweisungen zusammensetzt.

5.2. *Programmablauf- und Datenflußpläne*

Zur Veranschaulichung des Ablaufs in einem informationsverarbeitenden System oder des Datenflusses durch dasselbe werden der *Programmablaufplan* (PAP) oder der *Datenflußplan* verwendet. Die geometrischen Figuren oder Sinnbilder für Programmablauf- und Datenflußpläne und ihre Bedeutung sind im DDR-Standard Informationsverarbeitung TGL 22451 beschrieben.

5.2.1. *Programmablaufpläne*

Bereits 1946 entwickelten GOLDSTINE und J. v. NEUMANN die Flußdiagramme (*Kästchenmethode*) zur Darstellung des Rechenablaufs und schufen damit eine Erleichterung zur Programmierung. Der PAP (Fluß-, Strukturdiagramm) wird als Zwischenstufe zwischen dem formelmäßig geschriebenen Lösungsverfahren und dem Programm angesehen und ist daher weitgehend maschinenunabhängig. Er dient der vollständigen und eindeutigen Beschreibung eines Algorithmus. In übersichtlicher Anordnung wird z. B. ein Rechenprozeß in arithmetische und logische Anweisungen zerlegt, wobei Verzweigungen und Zyklen auftreten können. Die grafische Darstellung berücksichtigt das dynamische Verhalten des ständigen Fortgangs der Lösung. Ein Programmablaufplan kann aber auch zur übersichtlichen Darstellung von Vorgängen verwendet werden, die nicht in Rechenanlagen verarbeitet werden.

In der üblichen Weise werden aus mathematischen Größen mit arithmetischen und logischen Operationen entsprechende Ausdrücke aufgebaut. Auch Satzformulierungen können verwendet werden. Der Wert eines Ausdruckes wird in einer *Anweisung* einer Variablen zugewiesen. Die Anweisungen werden durch Linien miteinander verbunden. Einzelne Schritte werden unterschiedlich aufgegliedert (Grob- und Feindiagramm). Der Feinheitsgrad hängt von vielen Faktoren wie der Fertigkeit des Programmierers, der Art der Weiterverarbeitung oder dem Zweck der Darstellung ab.

Es folgen die wesentlichen Symbole zur Beschreibung des Programmablaufplans. Man sollte darüber hinaus mit erläuternden Texten nicht sparen!

5.2.2. Ergibtanweisung

Die *Ergibtanweisung* bringt den ständigen Fortgang des Programmablaufes zum Ausdruck. Sie ist das Element des „Rechnens“ in einem PAP. Sie entspricht einer mathematischen Definitionsgleichung, bei der links nur die Unbekannte und rechts lauter bekannte Größen stehen. Allerdings stellt eine Ergibtanweisung stets eine wertmäßige Zuordnung her und keine algebraische im Sinne des Buchstabenrechnens. Sie wird in zwei Arten wie folgt dargestellt:

$$\text{Variable} \Leftarrow \text{Ausdruck oder}$$

$$\text{Variable} := \text{Ausdruck}.$$

Der Wert des arithmetischen Ausdrucks, den man rechts durch Berechnung erhält, wird der Variablen links zugeordnet. Ein vorhandener alter Wert wird dabei vom neuen überspeichert. Die rechts vom Ergibtzeichen stehenden Variablen müssen stets mit einem Wert belegt sein. Die notwendige Erstbelegung einer Variablen kann durch eine Ergibtanweisung erfolgen.

Der „Pfeil“ als Ergibtzeichen wurde von Zuse [27] eingeführt und war ursprünglich von links nach rechts gerichtet, entsprechend stand in der Anweisung die Variable rechts und der arithmetische Ausdruck links. Das Zeichen := wurde mit der Programmiersprache ALGOL 60 eingeführt.

Beispiele:

1. $y \Leftarrow a + b$ oder $y := a + b$.

Lies: „y ergibt sich aus $a + b$“ oder „$a + b$ wird y“.

2. $n \Leftarrow 0$, $n := 0$.

Hier wird der Variablen n der Wert 0 zugewiesen, z. B. zum Beginn einer Zählung.

3. $n \Leftarrow n + 1$ oder $n := n + 1$.

Nach der Ausführung dieser Anweisung ist der Wert der Variablen n um 1 erhöht.

5.2.3. *Kästchenmethode*

Um die Ergibtanweisungen besonders deutlich hervorzuheben, werden sie im PAP von rechteckigen „Kästchen“ eingerahmt.

| Ergibtanweisung, |, z. B.

| $y := a + b$ |, | $n \Leftarrow n + 1$ | oder | $a := 1$ |

Der Übergang zum nächsten Schritt wird durch Fluß- oder Ablauflinien im Sinne des Fortgangs der Rechnung dargestellt. Die Hauptrichtungen dieser Linien verlaufen von oben nach unten oder von links nach rechts:

Flußlinien können sich kreuzen:  oder zusammengeführt werden:

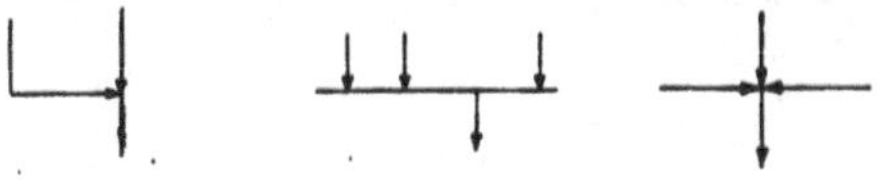

Hier wird zur Verdeutlichung der Richtungsorientierung eine Pfeilspitze angebracht. Das ist auch zweckmäßig, wenn von den Hauptrichtungen abgewichen wird:

Je nach Ausfall eines Tests wird vom Automaten für eine von zwei möglichen Fortsetzungen die Abarbeitung des Algorithmus vorgenommen. Im PAP ist dafür eine Verzweigung vorgesehen, die durch folgendes Sinnbild dargestellt wird:

Die zugehörige *Testanweisung* hat die Form

$$\text{Test} := \text{logischer Ausdruck},$$

z. B.: Test $:= n \geqq 100$.

Der Variablen Test können nur zwei Werte (wahr oder falsch bzw. 0 oder 1) zugewiesen werden.

Man schreibt auch als Testfrage: logischer Ausdruck?, z. B. $n \geqq 100$?

In das Sinnbild für die Verzweigung wird die Testfrage geschrieben. Die Verzweigungslinien können die Ausgänge nach links oder rechts oder unten haben. Praktisch werden die Testfragen mit „ja" (j) oder „nein" (n) beantwortet, z. B.

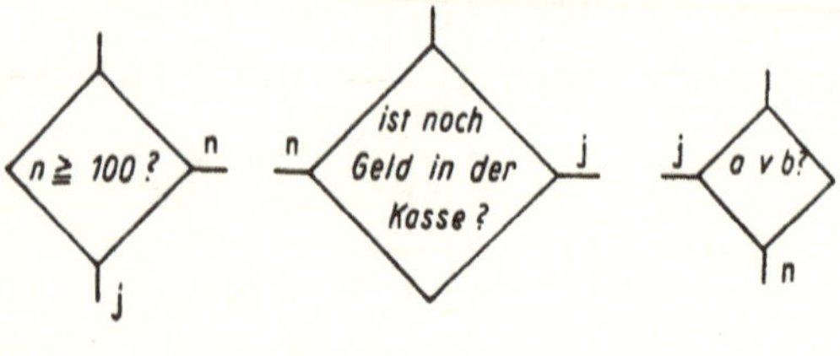

Die Fortsetzung der Programmabarbeitung erfolgt je nach Ausfall des Tests nur in einem Zweig.

Programmanfang, *-ende* und *Zwischenhalt* werden mittels

dargestellt. *Ein-* und *Ausgabeoperationen* werden durch ein Parallelogramm ▱ eingerahmt.

Konnektoren ○ dienen zur Darstellung des Überganges zu oder von einer anderen Stelle des PAP.

Im Kreis werden Zahlen, Buchstaben oder Namen, die auch indiziert werden können, eingetragen. Zusammengehörige Konnektoren müssen die gleiche Bezeichnung haben. Endet eine Flußlinie mit einem Konnektor, so wird die Abarbeitung von der Stelle festgesetzt, wo der gleichbezeichnete Konnektor steht.

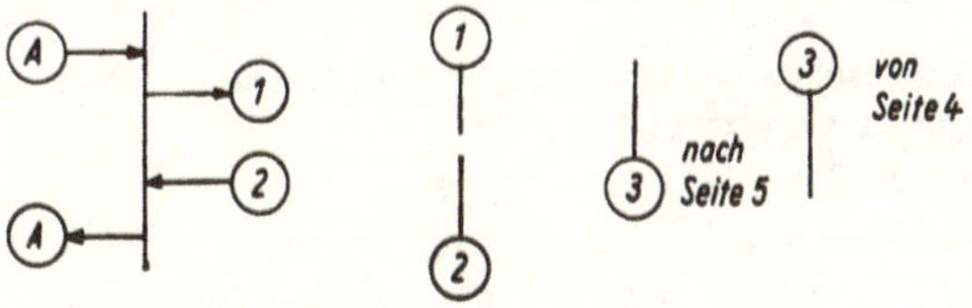

Variable Konnektoren werden bei möglicher mehrfacher Verzweigung des Programmes gesetzt:

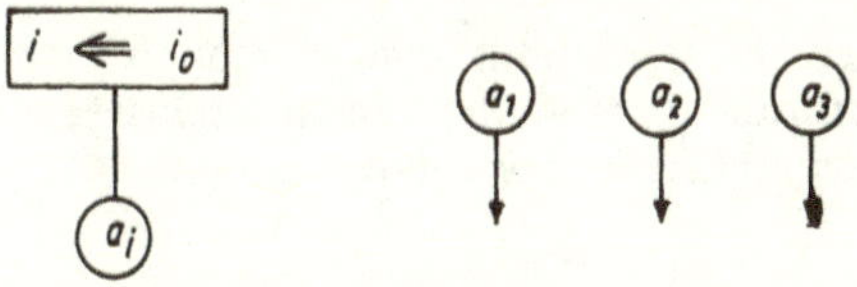

Das Programm wird dann an jener Stelle fortgesetzt, die sich durch entsprechende Zuweisung der Absprungsmarke (a_i) aus einer Bedingung ergeben hat.

Für sich häufig wiederholende Teilprogramme können *Unterprogramme* (UP) aufgestellt werden. Im Hauptprogramm werden sie durch folgendes Sinnbild symbolisiert:

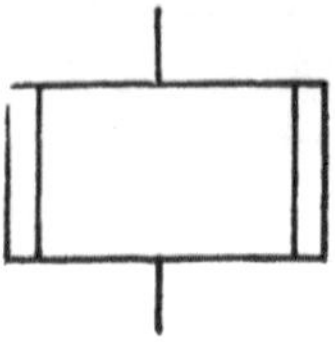

Der Name des Unterprogramms wird rechts geschrieben (z. B. Skalarprodukt). Die Ablaufpläne für Unterprogramme werden gesondert gezeichnet; Beginn und Ende können wie folgt dargestellt werden:

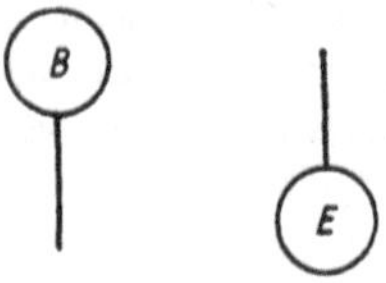

Für Erläuterungstexte oder Angaben über Daten kann an jedes Sinnbild angebracht werden:
... [Erläuterung, z. B.

$$\boxed{x := \frac{1}{2}\left(x + \frac{a}{x}\right)} \quad \ldots \text{ [Iteration zur Berechnung von } \sqrt{a}$$

5.2.4. *Programmlinienmethode*

Der Programmablauf wird jetzt vereinfacht an einer senkrechten Hauptlinie dargestellt; die Kästchen entfallen. Anweisungen stehen rechts von der Linie:

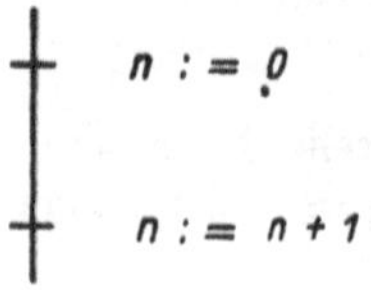

Programmeingang und -ende werden so angegeben:

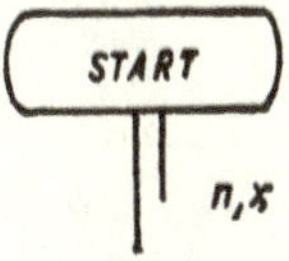

Die Parallellinie rechts bedeutet den Raum für die Angabe von Eingangs- bzw. Ausgangsparameter.

Ein- und Ausgabe können als Anweisungen wie folgt angebracht werden:

E( )	Eingabe der in der Klammer stehenden Variablen,
A( )	Ausgabe der in der Klammer stehenden Variablen oder Texte,
Leerzeile	Hier wird ein Leerzeichendruck programmiert,
Stop	Anhalten des Programms.

Die Ein- und Ausgabeanweisungen werden häufig weggelassen. In diesem Fall müssen die zu verarbeitenden Variablen als Eingangsparameter bzw. als Ausgangsparameter aufgeführt werden, z. B.

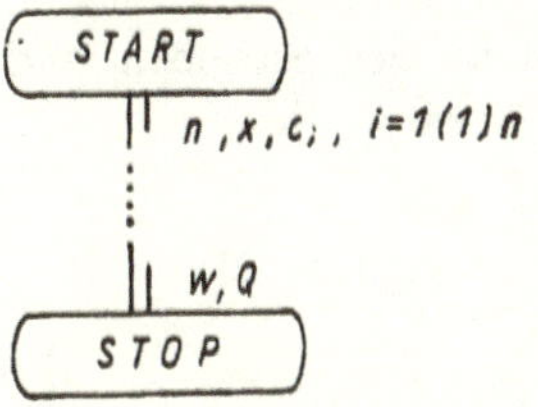

Die Schreibweise $i = m(h)\,n$ bedeutet, daß der Index oder die Laufvariable i alle Werte durchläuft, die, beginnend mit dem Anfangswert m, jeweils durch Addition der Schrittweite h entstehen. Dabei darf bei $h > 0$ die obere Schranke n nicht über- bzw. bei $h < 0$ die untere Schranke n nicht unterschritten werden.

Bei Verzweigungen geht eine Testfrage voraus, die in der Form P (logischer Ausdruck) an der Programmlinie steht, danach erfolgt die Verzweigung

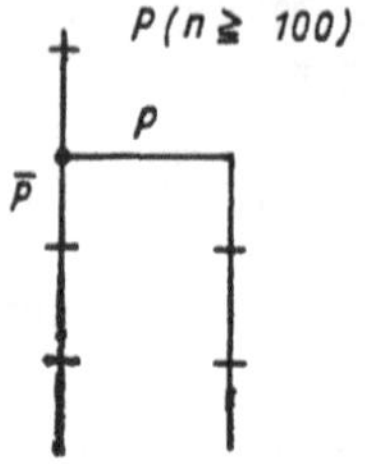

im Falle ja: P
im Falle nein: $\overline{P}$

Es werden auch j für „ja" und n für „nein" geschrieben. Um das Programm übersichtlicher zu gestalten, werden Zweige, die ohne weitere Anweisungen wieder in die Hauptlinie einspringen, nach links verzweigt.

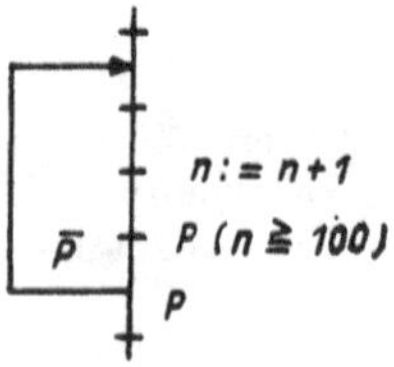

Ungültige Programmteile können weggestrichen und mittels Konnektoren korrigiert werden, z. B.

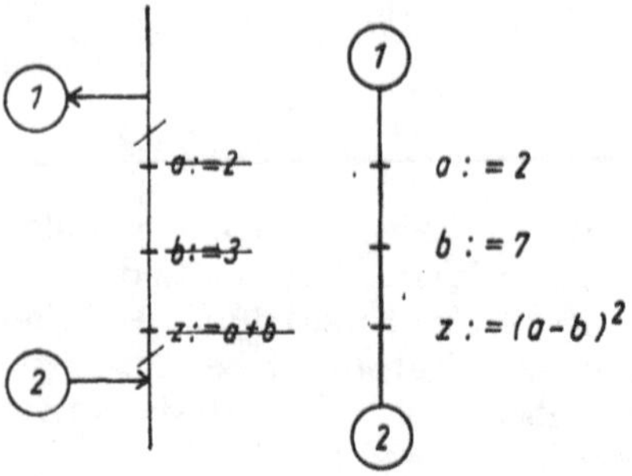

5.2.5. *Aufbau und Struktur des Programmablaufplans*

Am Anfang eines jeden PAP muß die Einführung der Eingangsdaten stehen; am Ende werden die Ausgabe oder Speicherung der Ergebnisse, die Fortsetzung oder der Abschluß des Programms geregelt.

Der zwischen Anfangs- und Endfestlegung gelegene Hauptteil des PAP enthält im allgemeinen *gestreckte,*

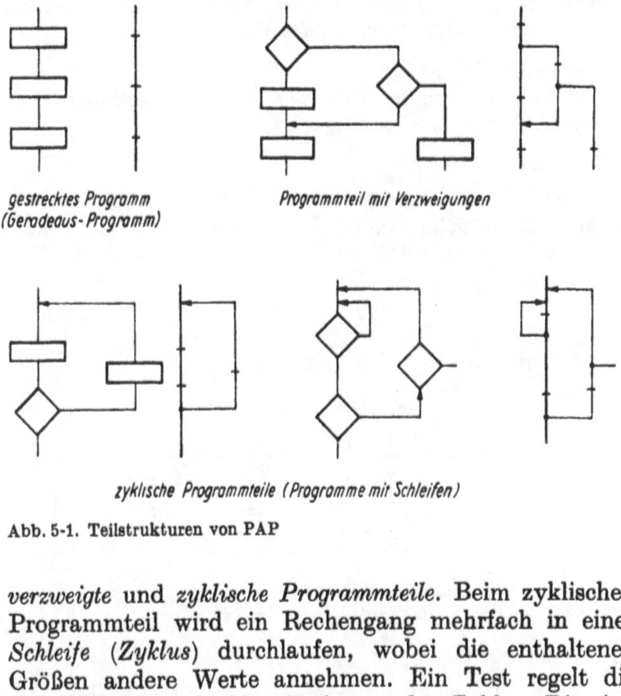

Abb. 5-1. Teilstrukturen von PAP

verzweigte und *zyklische Programmteile.* Beim zyklischen Programmteil wird ein Rechengang mehrfach in einer *Schleife* (*Zyklus*) durchlaufen, wobei die enthaltenen Größen andere Werte annehmen. Ein Test regelt die Wiederholung oder das Verlassen des Zyklus. Die Anzahl der Schleifendurchläufe kann festliegen (*Induktionsschleife*) oder vom Gang der Rechnung abhängen (*Iterationsschleife*).

Sehr häufig auftretende Programmteile werden als Unterprogramme mit der angegebenen Symbolik im Hauptprogramm eingefügt. Die Unterprogrammdefinition gibt man in einem gesonderten PAP an.

5.2.6. Beispiele

1. Gestrecktes Programm

   Berechnung und Druck von $r = \sqrt{x^2 + y^2 + z^2}$; Quadratwurzel als Unterprogramm (siehe Abb. 5.2).

2. Verzweigtes Programm

   Das Maximum von drei Zahlen (a, b, c) ist zu bestimmen und zu speichern (siehe Abb. 5.3).

3. Zyklische Programme

   Die nächsten Beispiele enthalten Schleifen.

3a) Matrizenmultiplikation $A_{m,n} \cdot B_{n,p} = C_{m,p}$. PAP mit Induktionsschleifen (siehe Abb. 5.4).

3b) Tabellierung von

$$\Phi(x) = \frac{1}{\sqrt{2\pi}} \cdot \int_{-\infty}^{x} e^{-\frac{t^2}{2}} \, dt$$

$$= \frac{1}{2} + \frac{1}{\sqrt{2\pi}} \cdot \left(x - \frac{x^3}{3 \cdot 2^1 \cdot 1!} + \frac{x^5}{5 \cdot 2^2 \cdot 2!} \right.$$

$$\left. \mp \cdots + (-1)^i \frac{x^{2i+1}}{(2i+1)\, 2^i i!} + \cdots \right)$$

für $x = 0\ (0.05)4$. Der Abbruch soll erfolgen, wenn der relative Fehler der Näherung kleiner als 10^{-6} wird.

Aufbereitung: $\Phi = \varphi_{-1} + \varphi_1 + \varphi_3 + \varphi_5 + \cdots$,

mit $\varphi_{-1} = \frac{1}{2}$, $\varphi_1 = \frac{1}{\sqrt{2\pi}} x$, $\varphi_k = -\varphi_{k-2} \cdot x^2 \cdot \frac{k-2}{k(k-1)}$

für $k = 3, 5, 7, \ldots$.

PAP mit Iterationsschleife (siehe Abb. 5.5).

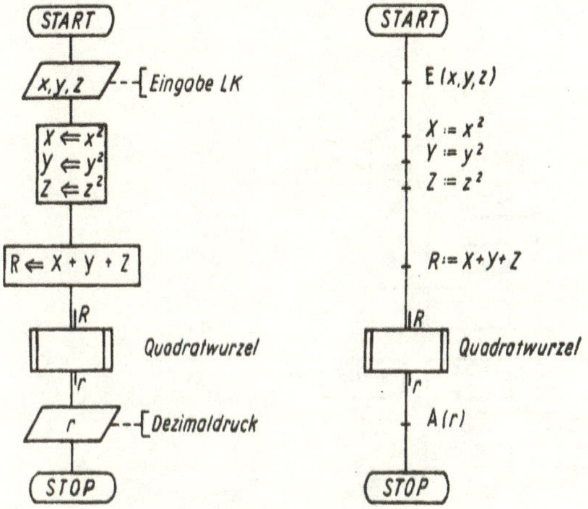

Abb. 5-2. PAP Räumlicher Pythagoras

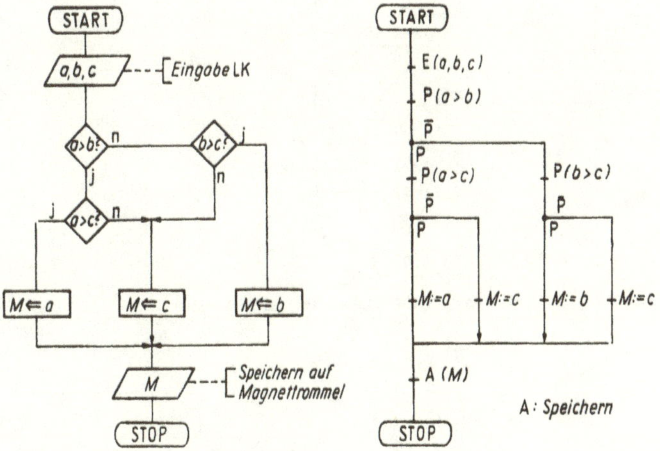

Abb. 5-3. PAP Maximum von drei Zahlen

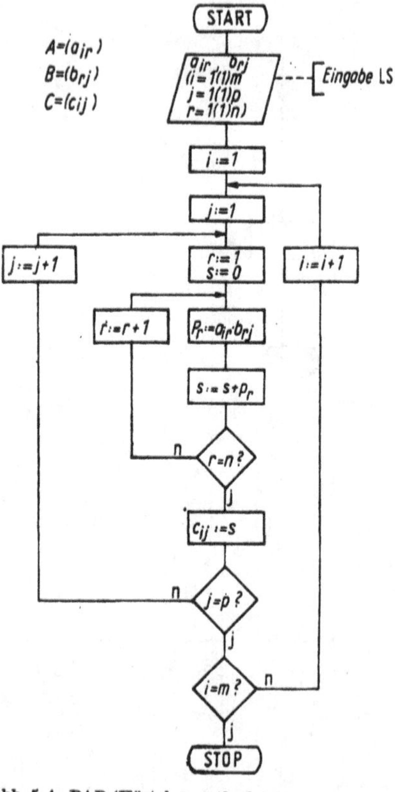

Abb. 5-4. PAP (Kästchenmethode) Matrizenmultiplikation

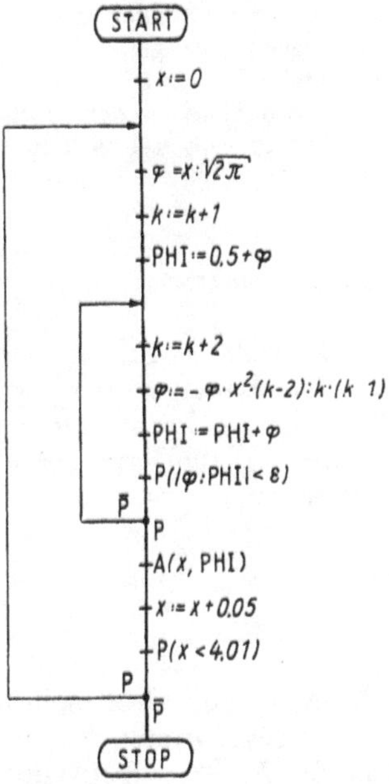

Abb. 5-5. PAP (Programmlinienmethode) zu 3b)

5.2.7. *Datenflußpläne*

Der *Datenflußplan* ist die grafische Darstellung des Datenflusses durch ein informationsverarbeitendes System. Mit Sinnbildern für die Datenverarbeitungstechnologie und für Datenflüsse können die komplizierten Zusammenhänge der Organisation beschrieben werden. Es wird veranschaulicht, wie Informationen erfaßt, verarbeitet, gespeichert oder weitergeleitet werden. Sie sind entweder für maschinelle Funktionen oder für Tätigkeiten des Menschen festgelegt. Dabei wird wesentlich auf den Weg vom Eingangsdatenträger bis zum Ausgangsdatenträger Wert gelegt. Datenflußpläne können auch Programmablaufpläne als Teile enthalten, und umgekehrt ist es statthaft, daß in Programmablaufplänen die Sinnbilder von Datenträgern,

Speichern usw. aufgenommen werden. Die Sinnbilder sind aus der traditionellen Lochkartentechnik hervorgegangen.

Im DDR-Standard, TGL 22451, „Datenfluß und Programmablaufpläne Sinnbilder“ sind die grafischen Elemente der Datenflußpläne standardisiert. Ein Beispiel ist in Abb. 4-1 enthalten.

5.3. *Maschinenorientierte Programmierung*

Eine Programmiersprache, die sich stark an den Eigenschaften der Datenverarbeitungsanlage orientiert, heißt *maschinenorientiert.* Jede Anlage hat konstruktionsbedingt ihre eigene *Maschinensprache*, die naturgemäß am „stärksten“ maschinenorientiert ist.

5.3.1. *Maschinenspruchen*

In den ersten Jahren der Nutzung von Rechenautomaten wurde jedes Problem in der sogenannten Maschinensprache programmiert, d. h., der Lösungsalgorithmus mußte als Folge der sich aus dem technischen Konzept der Maschine ergebenden Befehle dargestellt werden. Die prinzipiellen Gedanken für die Arbeit mit einer Maschinensprache sind in Abschn. 3.5.3. bereits erläutert. Die Maschinenbefehle bestehen demnach aus Operations- und Adreßteil, die in binärer Form aufgebaut sind. Sämtliche Befehle sind in einer Liste zusammengefaßt.

In der Regel werden die Befehlsworte durch Dezimalziffern oder Buchstaben codiert. So kann die Operation „Addition“ durch die Ziffernfolge 022, die „Subtraktion“ entsprechend durch 122 codiert sein. Meistens wird der Operationsteil *mnemotechnisch* codiert: z. B. ADD für Addition, SUB für Subtraktion (s. Abschn. 3.5.3.2.). Die Umwandlung in die binäre Form der Maschinensprache geschieht in der Anlage selbst oder bereits bei der Codierung.

5.3.2. *Assemblersprachen*

Eine weitgehend adressenfreie Programmierung erreicht man durch die Verwendung von symbolischen Adressen in den *Assemblersprachen*. Bei ihnen wird der Adreßteil des Befehlswortes durch alpha-numerische Zeichen dargestellt. Der zur Anlage gehörige Assembler ist ein Übersetzungsprogramm, welches diesen symbolischen Adressen die absoluten zuordnet. Die Sprungziele werden durch Marken gekennzeichnet. Entspricht jeder Anweisung in der Assemblersprache ein Maschinenbefehl, so liegt eine 1:1-Abbildung in die Maschinensprache vor. Jene Befehle mit Konstanten- und Speicherbereichsdefinitionen sowie bestimmten Anweisungen zur Steuerung des Übersetzungslaufs bilden die *Basissprache* (*Basis-Autocode*) des Assemblers.

Die meisten Assemblersprachen erhöhen ihre Wirksamkeit durch sogenannte *Makros*. Einem *Makro-Befehl* können mehrere Maschinenbefehle entsprechen (1:*n*-Abbildung), die in einem Unterprogramm zusammengefaßt sind. Der Assembler ersetzt beim Übersetzen einen Makro automatisch durch das entsprechende Unterprogramm. Die Anweisungsmenge der Makrosprache ist nicht so eindeutig definiert wie die der Basissprache. Die Anweisungen können benutzt werden, neue Anweisungen zu definieren, deren Semantik und syntaktische Struktur auch problemorientiert gewählt werden kann. Man nennt sie *Makroanweisungen* oder *Makroaufrufe*.

Der Vorteil bei der Verwendung von Makros liegt in der Programmverkürzung und bei der Benutzung von Standardaufrufen, z. B. von mathematischen Standardfunktionen oder Ein- und Ausgabe-Routinen. Weitere Beispiele sind die Generierungsmakros des DOS/ES-Supervisors.

5.4. *Problemorientierte Programmiersprachen*

5.4.1. *Allgemeine Bemerkungen*

Bei *problemorientierten Programmiersprachen* hat die Programmierung durchweg symbolischen Charakter und kann problemnah im Rahmen der jeweiligen Grammatik der Sprache erfolgen. Man spricht auch von *höheren Programmiersprachen* und versteht darunter, daß diese Sprachen mehr auf die zu lösenden Probleme als auf die benutzte Anlage Bezug nehmen. Die Kommunikation zwischen Mensch und Maschine wird erleichtert, und der Programmierungsaufwand sinkt erheblich. Dafür erfordern gestiegener Speicherbedarf für den Übersetzer (Compiler) und für das erzeugte Objektprogramm sowie die Übersetzungszeit Mehrleistungen der Anlage. Andererseits gestattet der Übersetzungsprozeß eine detaillierte Fehlerdiagnose.

Die *Compiler* gehören zu den Systemunterlagen der Informationsverarbeitungsanlage und werden vom Hersteller mitgeliefert. Meistens erfolgt die Übersetzung des in der problemorientierten Sprache geschriebenen *Quellenprogramms* in zwei Schritten. Zunächst wird die Übersetzung bis zur Assemblersprache vorgenommen und danach mit Hilfe des Assemblers das *Maschinen-* oder *Objektprogramm* gewonnen. Dabei erfolgt die Kontrolle auf Syntaxfehler, d. h. auf grammatikalische Mängel des Quellenprogramms, auf Laufzeitfehler und auf logische Fehler (Algorithmisierungsfehler).

Die Sprachen werden nach gewissen Regeln aufgebaut. Die Menge der Regeln heißt *Syntax*.

Elemente der Sprache sind elementare Daten wie Buchstaben, Ziffern und Spezialzeichen, (z. B. + — ? > { } : =). Damit werden Sätze (*Programme*) aufgebaut, indem mit den syntaktischen Regeln Grundsymbole aus den elementaren Daten linear aneinandergereiht werden (*lineare Notation*). Die wichtigsten Satzteile sind

Ausdrücke und *Anweisungen*. Ein Ausdruck besteht aus *Operanden* (Zahlen, Variablen oder Funktionen) und *Operatoren*, bei denen Prioritäten festgelegt sind.

Die Anweisungen regeln den Ablauf des Datenverarbeitungsprozesses. Die einfachste ist die Ergibtanweisung (s. Abschn. 5.2.2.).

Normalerweise werden sie in der im Programm aufgeschriebenen Reihenfolge abgearbeitet. Besondere Wirkungen lösen bedingte, repetierende, selektive oder Prozeduranweisungen aus.

Ein Programm wird durch Aufeinanderfolge mehrerer Anweisungen beschrieben. Diese können beispielsweise in ALGOL 60 durch die Anweisungsklammern begin und end zu einer zusammengesetzten Anweisung oder Verbundanweisung zusammengefaßt werden.

5.4.2. *Spezielle problemorientierte Programmiersprachen*

Besondere Verbreitung fanden die in den fünfziger Jahren entwickelten Sprachen FORTRAN (FORmula TRANslation) und ALGOL 60 (ALGOrithmic Language). Beide lehnen sich stark an die Formelnotation der numerischen Mathematik an. Die Grundideen stammen von H. Rutishauser.

FORTRAN entstand 1955 bei IBM und wurde laufend erweitert. Die Maschinenunabhängigkeit ist nicht so weitgehend realisiert wie bei ALGOL. Insbesondere berücksichtigen die Ein- und Ausgabe-Anweisungen die potentiellen Möglichkeiten der jeweiligen Datenverarbeitungsanlage mehr als ALGOL 60. Sie ist bis heute die am weitesten verbreitete Programmiersprache. Die dem Basis-FORTRAN entsprechende Teilmenge wird deshalb im Abschn. 6. ausführlich dargestellt.

Die Programmiersprache ALGOL wurde in den Jahren 1958 bis 1960 von einem internationalen Wissenschaftlerkollektiv entwickelt und von P. Naur publiziert. Sie ist darüber hinaus als Formulierungssprache für vorwiegend numerische oder logische Prozesse aufgestellt worden und eignet sich deshalb ausgezeichnet für die Beschreibung numerisch-mathematischer Algorithmen. Für beide Belange hat sie ebenfalls weite Verbreitung, vor allem für Ausbildungszwecke an Universitäten und Hochschulen und insbesondere in der 1964 herausgegebenen vereinfachten Subsetform gefunden. Im Gegensatz zu FORTRAN wird sie durch einen verhältnismäßig kurzen Bericht definiert und zeichnet sich durch einen syntaktisch strengen und übersichtlichen Aufbau aus. Erstmals wurde die syntaktische Struktur mit einem Formalismus von BACKUS beschrieben, der später zur Definition anderer Programmiersprachen verwendet wurde.

Auf die einzelnen Sprachregeln soll hier nicht eingegangen werden. Die folgenden Beispiele erläutern die Struktur eines ALGOL-Programms und sind leicht verständlich (s. auch Abschn. 5.1.5., Beispiele 2 und 3a):

```
begin comment Maximum von drei Zahlen;
      real a, b, c, M; read (a, b, c);
      if a > b then goto 1;
      if b > c then M := b else M := c; goto 2;
      1: if a > c then M := a else M := c;
      2: print (M)
end
```

```
procedure Matrizenmultiplikation (m, n, p, A, B, C);
      value m, n, p; integer m, n, p; array A, B, C;
      begin integer i, j, r; real s;
            for i := 1 step 1 until m do
            begin for j := 1 step 1 until p do
                  begins s := 0; for r = 1 step 1 until n do
                        s := s + A[i, r] × B[r,j];
                        C[i,j] := s;
                  end k;
            end i;
      end
```

Für betriebswirtschaftliche Aufgaben wurde 1959—1961 die Programmiersprache COBOL (COmmon Business Oriented Language) entwickelt. Diese Sprache arbeitet mit vielen Wortsymbolen und ist sehr speicheraufwendig. Sie steht in bezug auf Klarheit der Definition und Systematik des Aufbaus hinter den beiden anderen Sprachen zurück. Ihre Verbreitung ist dennoch sehr groß, da sie den Denkgebräuchen der kommerziellen Datenverarbeitung sehr stark entgegenkommt.

Große Unterstützung für die Programmierung der Ein- und Ausgabe von Daten und damit zur Verarbeitung differenzierter Datenbestände und zur Herstellung anspruchsvoller Drucklisten bietet die Sprache RPG (Report-Programm-Generator). Sie wird deshalb ebenfalls in der kommerziellen Datenverarbeitung bei Lohnberechnungen, Betriebsabrechnungen, im Bank- und Sparkassenwesen, bei Wartung von Stammdaten erfolgreich angewendet. Für mathematisch-technische Probleme ist sie nicht geeignet [45].

Für andere Anwendungsgebiete seien die LIST-Sprachen für die Zeichenreihenverarbeitung oder die Sprachen APT (Automatical Programmed Tools), EXAPT und SYMAP zur numerischen Steuerung von Werkzeugmaschinen genannt. Im Rahmen spezieller technischer Aufgabenstellungen, beispielsweise der automatisierten Projektierung, sind zahlreiche Spezialsprachen häufig in Erweiterung von FORTRAN entstanden, die dem Bearbeiter helfen sollen, mittels seiner gewohnten technischen Formulierungen die Vorteile der Datenverarbeitungsanlage bequem zu nutzen. Andere Sprachen dieser Art sind solche für Matrizenoperationen, statistische Aufgaben, Optimierungsaufgaben oder Datenbankoperationen. So entstanden relativ willkürlich einige hundert Programmiersprachen ohne sprachmethodisches Konzept. In letzter Zeit ist daher das Bedürfnis für Universalsprachen mit klar definierter Syntax und übersichtlichen Datenstruktionen gestiegen.

Mit dem Einsatz von Familiensystemen der 3. Rechnergeneration wurde von IBM 1964—1967 die Sprache PL/1 (Programm Language 1) geschaffen, die sowohl für wissenschaftlich-technische als auch für kommerzielle Zwecke geeignet ist. Der Umfang der Sprache sowie ihre Beschreibung und damit ihr Anwendungsfeld haben sich wesentlich erweitert. Es handelt sich hierbei jedoch um eine rein „additive" Spracherweiterung ohne Verbesserung der Struktur. Für die Grundlagenausbildung in höheren Programmiersprachen ist sie allerdings aus methodischen Gründen wegen fehlender Systematik und Überblickbarkeit wenig geeignet.

In letzter Zeit entstanden als Weiterentwicklungen von ALGOL 60 die Programmierungssprachen PASCAL und ALGOL 68. ALGOL 68 wurde von 1965—1974 von einer Arbeitsgruppe der IFIP (International Federation for Information Processing) entworfen und PASCAL wurde 1971 von N. WIRTH veröffentlicht. Die Entwurfsprinzipien beider Sprachen berücksichtigen moderne Gesichtspunkte, wie [44]:

— „Orthogonalität", d. h. Aufbau einer Sprache aus wenigen, möglichst allgemeingültigen, voneinander unabhängigen und zueinander möglichst paßfähigen Konzeptionen;

— „Erweiterungsfähigkeit" zwecks Anpassung an spezielle Anwendungsfälle im Rahmen eines orthogonal konzipierten Sprachgerüstes.

Bei ALGOL 68 ist die Gestaltung des *Wertekonzeptes* von besonderer Bedeutung. Es enthält neben üblichen elementaren Wertarten wie real, int, bool, char (Zeichen) auch Festlegungen, wonach Felder, Strukturen, Prozeduren u. a. mit einer definierten Wertart verbunden und als Problemdaten behandelt werden. Die Sprache erreicht eine Vereinfachung durch eine wertartinvariante Definition von Ausdrücken. In der Konstruktion „Einzelklausel" werden ferner „Ausdruck" und „Anweisung" zusammengefaßt. Eine Anweisung wird als Ausdruck aufgefaßt, der keinen Wert liefert. Von ALGOL 60 her bekannte Konstruktionen, wie Block, Verbundanweisung und der geklammerte Ausdruck werden bei ALGOL 68 als „abgeschlossene Klauseln" aufgefaßt, die einen Wert haben und Ausdruck oder Anweisung sein können.

Ferner ist es in ALGOL 68 gelungen, alle in Frage kommenden Objekte (Konstanten, Variablen, u. a.) mit nur einer Vereinbarung, der sogenannten „Identitätsdeklaration" zu definieren.

Mit diesen Sprachen wird die Entwicklung zu *Universalsprachen* mit ausgedehnten Einsatzbereichen vorangetrieben. Problematisch sind zur Zeit die für den Rechner benötigten Übersetzungsprogramme und somit ihre Implementierung.

Ein anderer Weg wurde in Dresden von N. J. Lehmann, J. Borman und J. Lötzsch mit dem Fachsprachensystem DEPOT beschritten. Danach kann jedes in einer Spezialsprache geschriebene Fachprogramm mittels eines einmalig dafür programmierten Transformationsalgorithmus in eine bereits implementierte Zielsprache umgesetzt und anschließend durch deren Compiler in die entsprechende Maschinensprache übersetzt werden.

Als Zielsprache wird in diesem Konzept eine möglichst universelle moderne Sprache angestrebt. Für die Anlage BESM 6 wird dafür ALGOL 60 eingesetzt, für die ESER-Anlagen wird PL/1 als Zielsprache Verwendung finden [43, 44].

5.5. *Methodologie der Programmierung*

Die Programmierung von komplexen Problemstellungen für Datenverarbeitungsanlagen ist heute von einer tiefgreifenden Diskrepanz zwischen der funktionellen Größe der Projekte und der Methodik ihrer Herstellung gekennzeichnet. Es fehlen für diesen aufwendigen schöpferischen Prozeß neuartige Technologien, die ingenieurmäßig auf der Grundlage allgemeiner methodischer Konzeptionen zuverlässige, flexible und effektive Systemunterlagen entwerfen helfen. In den letzten Jahren ist eine Reihe von Ansätzen vorgeschlagen worden, die eine Neuorientierung der Methodologie der Programmentwicklung beinhaltet. Dabei wird zum einen durch Zuordnung von Prozeßelementen zu programmtechnischen Grundkonstruktionen auf die notwendige Prozeß-Transparenz des Programms stärker hingewirkt. Zum anderen soll bei der Programmherstellung die Einheit aller Phasen von Entwurf, Implementierung, Codierung, Test und Wartung gewährleistet werden.

5.5.1. Modulare Programmierung

Das Programmsystem wird in Bausteine (*Moduln*) zerlegt. Ein solcher Modul wird durch folgende Eigenschaften charakterisiert [38]:

— Er ist ein funktionell selbständiges Systemelement, das eine eindeutig bestimmte Funktion realisiert.
— Er kann arbeitsorganisatorisch als Einheit entworfen, realisiert, getestet und gewertet werden.
— Er kann ausgetauscht oder zum System hinzugefügt werden, ohne daß das übrige System geändert werden muß.

Der Output des Moduls ist eine eindeutige Funktion des Inputs. Die Kopplung zweier Moduln erfolgt über die gemeinsame Schnittstelle, die genau definiert sein muß.

Von besonderer Bedeutung ist eine hierarchische Anordnung, bei der die Moduln zu Subsystemen zusammengefaßt werden, die verschiedene Hierarchieebenen bilden. Man unterscheidet weiter zwischen *Elementarmoduln*, die die Verarbeitungsaufgaben des Systems wahrnehmen, und *Steuermoduln*, die die Arbeit der Elementarmoduln organisieren. Die Kopplung zwischen Moduln erfolgt durch *Schnittmoduln*.

Die Systemunterlagen eines modernen Informationsverarbeitungssystems bestehen aus folgenden hierarchisch angeordneten Subsystemen: Supervisor, spezialisierte Betriebssysteme (spezielle Betriebsweise), Programmiersysteme (Übersetzer), verfahrensorientierte Programmsysteme (zur Lösung spezieller Problemklassen). Die Systemunterlagen lassen sich als Schnittmodul zwischen DVA und Anwender auffassen.

5.5.2. *Strukturierte Programmierung*

Von grundsätzlicher Bedeutung für die neuartigen Konzeptionen zur Programmentwicklung sind die von Dijkstra, Wirth und Dahl ab 1970 erschienenen Arbeiten zur *strukturierten Programmierung* [25, 40]. Das Grundprinzip besteht dabei in der systematischen Zurückführung „großer" Programme auf eine vom Prozeßablauf begründete Hierarchie „kleiner" Bausteine. Dabei trennt man sich von den konventionellen Flußdiagrammen, weil sie einfache Prozeßstrukturen nicht erkennen lassen, und von den GOTO-statements, da diese prozeßfremd sind. Dagegen gewinnt die von ALGOL 60 bekannte Prozedurkonzeption naturgemäß an Bedeutung, da man mit ihr Teilprozesse herauslösen kann. Als nützlich für das Programmieren haben sich die Programmelemente CASE als Verallgemeinerung für IF-THEN-ELSE für die Alternative und eine freilaufende Schleife CYCLE anstelle von WHILE-DO für die Iteration erwiesen. Es entstehen dann *normalisierte Flußdiagramme* mit der Eigenschaft, prozeß-transparent zu sein; die ihnen entsprechenden Programme nennt man *wohl-strukturiert.*

Bei der *top-down-Programmierung* wird zuerst das Hauptprogramm, ausgehend von der Gesamtfunktion, entworfen und getestet. Die jeweils untergeordneten Komponenten werden schrittweise eingeschaltet. Es handelt sich also um ein zur Integration von Programmteilen gegenläufiges Vorgehen. Dieses Verfahren ist für die Erkennung von Programmfehlern äußerst vorteilhaft. Die eigentliche Verarbeitung erfolgt in den zuletzt programmierten Routinen.

Bei der *bottom-up-Programmierung* ist die Vorgehensweise genau entgegengesetzt. Hier werden zuerst die Verarbeitungsroutinen programmiert und getestet. Bei der Zusammenfügung ergeben sich die üblichen Probleme.

Das Konzept der strukturierten Programmierung erfordert die Bereitstellung von dialogfähigen *Programmentwicklungssprachen,* die den Prozeß des Programmierens unterstützen. Es erleichtert die *Programmverifikation* als Nachweis für die Richtigkeit des Programms mit Hilfe des Prädikatenkalküls.

Wohl-strukturierte Programme gewährleisten kürzere Testzeiten, höhere funktionelle Sicherheit und leichte Veränderlichkeit. Sie sind weniger komplex als konventionelle Programme sowohl im Hinblick auf die Abbildung des Prozesses in einem Programmentwurf als auch bei der Implementierung des Programmes und damit leichter überschaubar.

6. Die problemorientierte Programmsprache FORTRAN

Die Sprache FORTRAN wurde gewählt, obwohl sich zur Darstellung eines modernen Sprachkonzepts Sprachen wie ALGOL 68 oder PASCAL [4] besser eignen. Ausschlaggebend waren die große Verbreitung, die ESER-Implementationen und der nicht zu große Sprachumfang von FORTRAN. Damit ist die praktische Anwendbarkeit des Stoffes gegeben.

6.1. Einführung

6.1.1. Stellung von FORTRAN

Die Programmiersprache FORTRAN (FORmula TRANslator, zu deutsch: Formelübersetzer) wurde von I. W. Backus konzipiert und 1955 publiziert und implementiert.

Seitdem ist FORTRAN ständig weiterentwickelt worden. Die Entwicklung führte für Rechner der 3. Generation zur Version FORTRAN IV. Für kleinere und mittlere Anlagen wurde als echte Teilmenge die Version Basis-FORTRAN geschaffen. Auch für die Anlagen des ESER wurde die Sprache mit gewissen Ergänzungen im Betriebssystem OS/ES und in der eingeschränkten Form Basis-FORTRAN im DOS/ES implementiert.

Nunmehr steht FORTRAN auch im Plattenbetriebssystem DOS/ES zur Verfügung.

FORTRAN ist vorrangig zur Programmierung wissenschaftlich-technischer Aufgabenstellungen geschaffen worden, hat sich ausgezeichnet bewährt und dürfte auch heute noch die meistverbreitete Programmiersprache sein. Wesentliche Ursachen dafür sind, daß FORTRAN die erste Programmiersprache war, ständig weiterentwickelt wurde, im Gegensatz zur Definition von ALGOL 60 ein umfassendes Ein- und Ausgabekonzept besitzt und außerordentlich effektive Compiler existieren.

Neben den meisten importierten Anlagen verfügen auch das Prozeßrechnersystem PRS 4000 und das Kleinrechnersystem KRS 4200/4201 des VEB Kombinat Robotron über eine FORTRAN-Version, genannt FORTRAN 4000.

Von der ESER-Version von FORTRAN im DOS [23] wurde eine Teilmenge ausgewählt, die im wesentlichen Basis-FORTRAN [21, 2] entspricht. Auf die Dateiverarbeitung im Direktzugriff wird nicht eingegangen.

Der Abschn. 6.1. hat Übersichtscharakter. Leser ohne Vorkenntnisse in Programmiersprachen sollten sich über

Abschn. 6.1. zunächst nur einen Überblick verschaffen und später bei entsprechenden Verweisen die Details von Abschn. 6.1. genauer studieren.

6.1.2. Syntaxdarstellung

Eine Programmiersprache hat im Vergleich zu einer natürlichen Sprache einen wesentlich geringeren Umfang an Ausdrucksmitteln, aber im Hinblick auf die Eindeutigkeit der Aussagen und die automatische Übersetzbarkeit einen wesentlich strengeren Aufbau. Die Definition einer Programmiersprache hat zwei Aspekte. Die *Syntax* ist das System der Regeln, nach denen sprachliche Konstruktionen erfolgen dürfen, vergleichbar der *Grammatik* und *Interpunktion* einer natürlichen Sprache. Durch die Syntax allein wird eine *formale Sprache* definiert. Die *Semantik* als Bedeutungsdefinition muß hinzukommen, um einen Sachverhalt (Algorithmus) in der richtigen Weise formal abzubilden, unter den syntaktisch richtigen Sätzen (Programmen) der Sprache den passenden zuzuordnen.

Weitere Ausführungen hierzu enthält Abschnitt 7.

Die Syntax werden wir weitgehend formal definieren, während semantische Aussagen verbal erfolgen.

Zur Definition der Syntax ist eine sogenannte *Metasprache* (*Zwischensprache*) erforderlich, die zwischen der beschreibenden und der zu definierenden Sprache vermittelt. Wir benutzen hierzu die *erweiterte* BACKUS-*Notation* und unterscheiden:

1. *Notations- oder Metavariable:* (Hilfs-)Begriffe zum stufenweisen Aufbau der Sprache; sind nicht Elemente von FORTRAN; Darstellung mittels lateinischer Kleinbuchstaben, Ziffern, Schlüsselwörtern (in Großbuchstaben) und Unterstreichungszeichen (_); mindestens einen Kleinbuchstaben oder ein _ enthaltend.

   Beispiele: name, einfache_variable, GOTO_anweisung

2. *Notationskonstante:* FORTRAN-Zeichen und Folgen davon.

3. *Metasprachliche Symbole:*

::= Definitionssymbol; trennt die Metavariable von der definierenden rechten Seite; gelesen als „ist definiert durch"; dient auch zur Trennung mehrerer Metavariabler untereinander, die zugleich durch dieselbe letzte rechte Seite definiert werden.

| Alternativsymbol; trennt definierende Alternativen rechts vom ::=, innerhalb von [ ] und { }; gelesen als „oder".

Beispiele: alphanumerisches_zeichen ::= buchstabe|ziffer
einfache_variable ::= feldname ::= name

[ ] Möglichkeitssymbol; deutet an, daß eine der in den Klammern befindlichen Alternativen an dieser Stelle stehen kann, aber nicht muß.

{ } Auswahlsymbol; deutet an, daß eine der in der Klammer stehenden Alternativen verwendet werden muß.

... Wiederholungssymbol, deutet an, daß die davorstehende Metavariable, Möglichkeit oder Auswahl wiederholt stehen kann.

,... Listensymbol; wie vorher, aber vor jeder Wiederholung ist ein Komma zu setzen.

Beispiel: name ::= buchstabe [buchstabe|ziffer]...
definiert Name als Folge, die nur aus Buchstaben und Ziffern bestehen kann, mit einem Buchstaben beginnen und mindestens dieses eine Zeichen haben muß. Äquivalent wäre die rekursive Definition

name ::= buchstabe|name buchstabe|name ziffer

6.1.3. Überblick über den Aufbau von FORTRAN

Ein FORTRAN-Programm besteht aus einer Folge von *Anweisungen*. Wir unterscheiden *nichtausführbare Anweisungen*, die Eigenschaften der verwendeten Größen festlegen, z. B. den Typ (ganzzahlig, reell usw.) der Werte, die eine einfache Variable (Name) annehmen kann oder die Indexgrenzen eines Feldes, und *ausführbare Anweisungen*, die der Beschreibung der Rechen- und Steueroperationen des Programmablaufs sowie der Ein- und Ausgabe (Abkürzung E/A) dienen. Programmteile, die auch einzeln von Interesse sind, können als *Unterprogramme* geschrieben und damit mehrfach genutzt werden.

Die folgende Syntax soll diese Aussagen präzisieren und ergänzen:

programm ::= hauptprogramm [unterprogramm] ···

programmeinheit ::= hauptprogramm|unterprogramm

hauptprogramm ::= programmkörper END

unterprogramm ::= unterprogrammanweisung
programmkörper END

unterprogrammanweisung ::= FUNCTION_anweisung|
SUBROUTINE_anweisung

programmkörper ::= [vereinbarungsteil][definitionsteil]
programmteil

vereinbarungsteil ::= {vereinbarungsanweisung|marke
FORMAT_anweisung}···

definitionsteil ::= {anweisungsfunktionsdefinition|marke
FORMAT_anweisung}···

programmteil ::= {[marke]ausführbare_anweisung|marke
FORMAT_anweisung}···

Schematisch

<table>
<tr><td></td><td></td><td colspan="2">Unterprogrammanweisung</td></tr>
<tr><td rowspan="3">Programmkörper</td><td>Vereinbarungsteil</td><td>Vereinbarungsanweisungen</td><td rowspan="3">F
O
R
M
A
T</td></tr>
<tr><td>Definitionsteil</td><td>Anweisungsfunktionsdefinition</td></tr>
<tr><td>Programmteil</td><td>ausführbare Anweisungen</td></tr>
<tr><td></td><td></td><td colspan="2">END</td></tr>
</table>

Die Abarbeitung einer *Programmeinheit* beginnt mit der ersten ausführbaren Anweisung, die Auswertung der nichtausführbaren Anweisungen wird bereits bei der Übersetzung durchgeführt bzw. vorbereitet. Die Ausführung der Anweisungen erfolgt *sequentiell* in der Reihenfolge der Niederschrift mit Ausnahme gewisser ausführbarer Anweisungen, die die Nachfolgeanweisung selbst festlegen.

Zusammenstellung der Anweisungen (a steht für anweisung):

nichtausführbare_anweisung	vereinbarungsanweisung	typanweisung EQUIVALENCE_a	DIMENSION_a EXTERNAL_a
	FORMAT_a		
	anweisungsfunktionsdefinition		
	unterprogrammanweisung	FUNCTION_a	SUBROUTINE_a
ausführbare_anweisung	ergibtanweisung		
	steueranweisung	unbed_GOTO_a	berechnete_GOTO_a
		arithm_IF_a	
		DO_a	CONTINUE_a
		PAUSE_a	STOP_a
		CALL_a	RETURN_a
	sequentielle_e_a_anweisung	READ_a	WRITE_a
		REWIND_a	BACKSPACE_a
		ENDFILE_a	

6.1.4. *Demonstrationsbeispiel*

Gegeben sind n Meßwerte $a_i\,(i = 1(1)\,n)$. Mit Hilfe eines FORTRAN-Programms sollen dazu berechnet werden:

der Mittelwert $$m = \frac{1}{n} \cdot \sum a_i,$$

die Streuung $$S = \frac{1}{n-1} \cdot \sum (a_i - m)^2,$$

die Standardabweichung $\sigma = \sqrt{S}$.

Aufbereitung: $S = 1/(n - 1) \cdot (a_i^2 - 2m \cdot \sum a_i + m^2) = 1/(n - 1) \cdot (\sum a_i^2 - n \cdot m^2)$. Dabei wurde $\sum a_i = m \cdot n$ benutzt. Alle Summationen gelten für i von 1 bis n. Die Aufbereitung gestattet uns, die Berechnung von S simultan mit der von m durchzuführen.

Lochkarteneingabe:

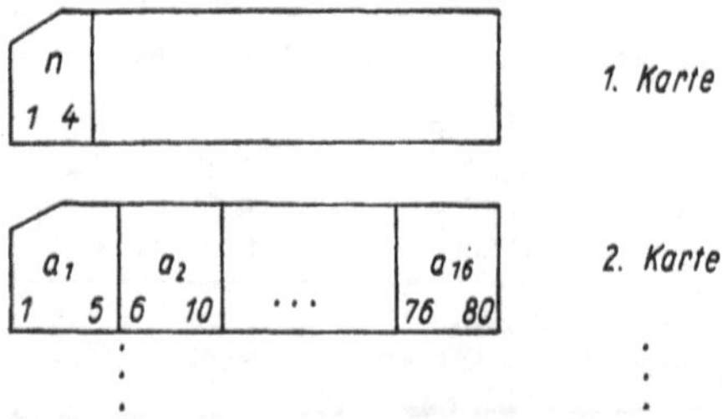

Die Werte von n und a_i seien als Ziffernfolgen mit maximal 4 bzw. 5 Stellen gelocht, wobei n als ganze Zahl und die a_i als gebrochene Zahlen mit 2 Stellen nach dem Komma (die 4. und 5. Stelle des Zahlfeldes auf der Karte) interpretiert werden sollen.

Druckbild: beginnend auf neuer Seite

```
MESSWERTE:

     XXX.XX    XXX.XX          ...        XXX.XX
       .
       .
       .
     XXX.XX      ...

MITTELWERT:    XXX.XX

STREUUNG:      XXX.XX

ABWEICHUNG:    XXX.XX
```

Abb. 6-1 enthält ein Hauptprogramm zur Lösung dieser Aufgabe, eingetragen in ein FORTRAN-Programmformular (s. S. 140). Die folgenden Erläuterungen sollen nur einen Überblick geben. Die benutzten Begriffe werden in den weiteren Abschnitten systematisch behandelt.

Zeile 1 enthält Kommentar (C), der ohne Einfluß auf die Programmausführung ist. REAL M vereinbart M als reelle Variable einfacher Genauigkeit. Die übrigen Größen sind gemäß ihrem Anfangsbuchstaben standardvereinbart als ganzzahlige Variable (N) oder reelle Variable einfacher Genauigkeit (S, SIG, A(I)). Zeile 3 definiert A als Feld (Vektor) mit 1000 Elementen. Die folgende Anweisung liest von der Datei 1 (Lochkartendatei) in der Interpretation gemäß der FORMAT-Anweisung mit der Marke 1Ø die Werte der Variablen $N, A(1), \ldots, A(N)$ ein. Das Format I4 interpretiert N wie gefordert, das Satztrennzeichen / bedeutet Übergang zum nächsten Satz (Lochkarte) der Eingabedatei, und die Formatgruppe (16F5.2) deutet den nächsten Eingabesatz als 16 Zahlen ebenfalls wie oben beschrieben. Diese letzte Format-

FORTRAN
Programmformular

Programm
Betrieb

```
Marke      Anweisungen
2 4   6 8 10 12 14 16 18 20 22 24 26 28 30 32 34 36 38 40 42 44 46 48 50 52 54
C STATISTISCHE AUSWERTUNG
      REAL M
      DIMENSION A(1ΦΦΦ)
      READ(1,1Φ) N,(A(I),I=1,N)
   1Φ FORMAT(I4/(16F5.2))
      WRITE(3,2Φ)(A(I),I=1,N)
   2Φ FORMAT(1H1,'MESSWERTE:'//(1HΦ,1ΦF1Φ.2))
      M=Φ.Φ
      S=Φ.Φ
      DO 1 I=1,N
        M=M+A(I)
    1   S=S+A(I)**2
      M=M/N
      S=(S-N*M*M)/(N-1)
      SIG=SQRT(S)
      WRITE(3,3Φ)M,S,SIG
   3Φ FORMAT(1HΦ,'MITTELWERT:',3X,F6.2/1HΦ,'STREUUNG:',
     +5X,F6.2/1HΦ,'ABWEICHUNG:',3X,F6.2)
      STOP
      END
```

Abb. 6-1. Programmformular

gruppe der Formatliste wird solange wiederholt abgearbeitet, bis alle $A(I)$ erfaßt sind. Anschließend wird auf Datei 3 (Druckdatei) der Vektor A satzweise (druckzeilenweise) ausgegeben. Das erste Zeichen jedes Satzes dient der Vorschubsteuerung des Papiers im Drucker und wird nicht mit ausgegeben. So bewirken 1H1, 1Hb̸, 1HØ Vorschub auf die nächste Seite, nächste Zeile, übernächste Zeile. Der Vorschub erfolgt zu Beginn der Druckzeilenausgabe und wird durch / oder das Ende der Formatliste ausgelöst.

Nach der Ausgabe eines leeren Satzes (Vorschub um eine Zeile) folgt nach erneutem Vorschub die Zeichenkette (Literal)

MESSWERTE:

Die Zeilen 8 und 9 enthalten Anfangswertsetzungen, 10 bis 12 eine DO-Schleife zur Berechnung von $\sum A(I)$ und

$\sum A(I)^2$ für I von 1 bis N, 13 bis 15 die letzten Operationen zur Berechnung von M, S, SIG, wobei die Standardfunktion SQRT (SQuare RooT = Quadratwurzel) benutzt wird.

Die Zeilen 21 bis 23 bewirken das gewünschte Resultatdruckbild. Das Format 3X fügt 3 Leerzeichen ein, das Format F6.2 gibt eine Zahl mit maximal 6 Zeichen (einschließlich eines eventuellen Minuszeichens) aus, dabei kommt auf die vierte der 6 Positionen der Dezimalpunkt, dem 2 Ziffern folgen.

Die STOP-Anweisung beendet die Programmabarbeitung. END zeigt für den Compiler das physische Ende der Programmeinheit an.

6.2. *Grundbegriffe*

6.2.1. *Zeichen*

FORTRAN verfügt über folgenden endlichen Zeichensatz, das Alphabet der Sprache:

zeichen ::= alphanumerisches_zeichen|sonderzeichen

alphanumerisches_zeichen ::= buchstabe|ziffer

buchstabe ::= A|B|C|D|E|F|G|H|I|J|K|L|M|N|O|P|
Q|R|S|T|U|V|W|X|Y|Z|¤

ziffer ::= Ø|1|2|3|4|5|6|7|8|9

sonderzeichen ::= ,|.|=|(|)|+|−|*|/|'|leerzeichen|&

leerzeichen ::=

Zur Verdeutlichung des Leerzeichens schreiben wir ƀ (blank). In Zeichenketten können außer diesen Zeichen auch alle übrigen Zeichen des DKOI-Codes [23] verwendet werden. Beachten Sie die Unterscheidung zwischen O und Ø. Einige Buchstabenfolgen fungieren als *Schlüssel-*

wörter und werden in ihrer festen Bedeutung vom Compiler aus der Umgebung ihres Auftretens (dem Kontext) erkannt. Beispiele sind INTEGER, DIMENSION, GOTO. Schlüsselwörter sind daher keine reservierten Namen.

6.2.2. *Namen und Standardtypvereinbarungen*

Namen dienen zur Kennzeichnung von Elementen der folgenden Klassen:
einfache Variable, Felder, interne Funktionen, externe Funktionen und Subroutinen.

Funktionen und Subroutinen fassen wir als Unterprogramme zusammen (vgl. Abschn. 6.7.).

Syntax:

name ::= buchstabe [buchstabe|ziffer] ...

Ein Name darf aus höchstens 6 *alphanumerischen Zeichen* bestehen und muß mit einem Buchstaben beginnen. Der Name eines Unterprogramms bezeichnet in allen Programmeinheiten des Programms das gleiche Unterprogramm. Wird ein solcher Name in einer Programmeinheit nicht in dieser Eigenschaft verwendet, kann er dort genau ein Element einer der restlichen Klassen bezeichnen.

Beispiele: X2, ALPHA, XY, PUNKT 4, HOEHE, SUMME

Fehlerhaft sind: X_2, α, X+Y, PKT. 4, HÖHE, INTEGRAL

Allen Namen, außer denen für Subroutinen, sind ein Typ und eine Typlänge zuzuordnen. Diese legen die interne Darstellung des Wertes fest, den ein Name besitzt. Im Basis-FORTRAN ist an jeden Typ nur eine bestimmte Typlänge gebunden.

Vordefinierte oder *Standardtypvereinbarung:*

Anfangsbuchstabe	Typ	Typlänge in Bytes	interne Darstellung
I, J, K, L, M, N	INTEGER (ganzzahlig)	4	Festkomma
übrige Buchstaben	REAL (reell)	4	Gleitkomma (einf. Genauigkeit)

Später zu besprechende Typvereinbarungen setzen diese außer Kraft.

6.2.3. *Konstanten*

Eine *Konstante* ist eine Größe, die ihren Wert während der Programmabarbeitung nicht ändert. Wir unterscheiden *ganzzahlige Konstanten, reelle Konstanten einfacher* und *doppelter Genauigkeit* und *Zeichenketten.* Die entsprechende interne Darstellung lautet: Festkomma mit 4 Bytes, Gleitkomma mit 4 bzw. 8 Bytes und 1 Zeichen pro Byte.

Syntax und ergänzende Bemerkungen:

A. ganzzahlige_konstante ::= [+|−] g_k_o_v

g_k_o_v ::= ziffer ···

Die Metavariable g_k_o_v hat die Bedeutung einer ganzzahligen Konstanten ohne Vorzeichen.

Zahlbereich: $[-2^{31}, 2^{31} - 1 = 2\,147\,483\,647]$

B. reelle_konstante ::= [+|−]{{[g_k_o_v].g_k_o_v|

g_k_o_v.}[{E|D}[+|−] g_k_o_v]|

g_k_o_v{{E|D} [+|−] g_k_o_v}}

Explizit sind das die Formen

i . *d*	*i* . *d*E*j*	*i* . *d*D*j*
i .	*i* . E*j*	*i* . D*j*
[+|−] . *d*	[+|−] . *d*E*j*	[+|−] . *d*D*j*
	*i*E*j*	*i*D*j*

Dabei sind *i*, *j* ganzzahlige Konstanten und *d* ist eine *g_k_o_v*. E*j* und D*j* bedeuten den Faktor 10^j. Die letzte Spalte stellt Konstanten doppelter Genauigkeit dar. Für eine Konstante einfacher Genauigkeit werden maximal 7 gültige Dezimalziffern, doppelter Genauigkeit maximal 16 berücksichtigt. Zahlbereich für beide Arten: $-7{,}2\ldots\cdot10^{75}$ bis $7{,}2\ldots\cdot10^{75}$. Die kleinste positive Zahl ist $5{,}4\ldots\cdot10^{-79}$.

Beispiele: 6.25E5 ≙ $6{,}25\cdot10^5$,
−.1E−7 ≙ $-0{,}1\cdot10^{-7}$,
.12345678D1 ≙ 0,12345678

Fehlerhaft ist: 3.25E+2.∅ (gebrochener Exponent)

Zusammenfassung:

numerische_konstante ::= ganzzahlige_konstante|
reelle_konstante

C. zeichenkette ::= 'literal'|literallänge*H*literal
literal ::= zeichen ···
literallänge ::= p_g_k_o_v
p_g_k_o_v ::= [∅] ··· {1|2|3|4|5|6|7|8|9}[g_k_o_v]

Die Metavariable p_g_k_o_v verkörpert eine positive ganzzahlige Konstante ohne Vorzeichen. *Literale* treten in Basis-FORTRAN nur in FORMAT-Anweisungen hauptsächlich in Verbindung mit Textausgabe auf. Leerzeichen sind in Literalen signifikant. Ein im Literal gewünschtes Apostroph ist bei der Form 'literal' doppelt zu schreiben, zählt aber nur als ein Zeichen. Außer den ge-

nannten Zeichen können auch alle übrigen Zeichen des DKOI-Codes verwendet werden. Forderung: Literallänge ≦ 255
Beispiele: 'WIE⊬GEHT''S', 10HWIE⊬GEHT'S

6.2.4. *Marken*

Syntax:
marke ::= p_g_k_o_v
Eine *Marke* darf höchstens 5 Ziffern haben. Sie dient zur Kennzeichnung bestimmter Anweisungen, so daß man sich in anderen Anweisungen derselben Programmeinheit auf sie beziehen kann. Eine Marke wird vor die entsprechende Anweisung geschrieben, wofür im Programmformular die Spalten 1 bis 5 zur Verfügung stehen. Obligatorisch ist eine Marke vor FORMAT-Anweisungen. Dieselbe Marke darf innerhalb einer Programmeinheit nicht mehr als einer Anweisung gegeben werden. Zwei Marken sind verschieden, wenn ihre Ziffernfolgen, aufgefaßt als ganze Dezimalzahlen, unterschiedliche Werte haben.

6.2.5. *Programmformular*

Zu den Erläuterungen vergleiche man das ausgefüllte *Programmformular* in Abschn. 6.1.4.
Jeder Zeile mit den Positionen 1 bis 80 entspricht eine 80spaltige Lochkarte, wobei ein Zeichen pro Spalte gelocht wird. Jede Anweisung beginnt auf einer neuen Zeile und hat die Positionen 7 bis 72 zur Verfügung. Benötigt eine Anweisung mehr als eine Zeile, so sind die Fortsetzungszeilen in Spalte 6 durch ein von ⊬ und Ø verschiedenes Zeichen zu kennzeichnen. Die erste Zeile jeder Anweisung muß in Spalte 6 mit ⊬ oder Ø versehen werden. Zur Verbesserung der Lesbarkeit können, außer in Zeichenketten, beliebig Leerzeichen eingefügt werden.

Zwischen zwei Anweisungen und vor die erste Anweisung einer Programmeinheit können Kommentarzeilen geschrieben werden, die ohne Einfluß auf die Programmausführung sind. Diese enthalten in Spalte 1 ein C und danach eine beliebige Folge von Zeichen. Eine Marke wird in den Spalten 1 bis 5 eingetragen. Die Spalten 73 bis 80 sind für die Verarbeitung ohne Bedeutung und können z. B. für die Lochkartenkennzeichnung verwendet werden.

6.3. Lineare Programme

Mit den in diesem Abschnitt zu behandelnden FORTRAN-Elementen können einfache lineare Programme (genauer: lineare Programmkörper) geschrieben werden. Das sind solche, die weder Verzweigungen noch Zyklen enthalten, so daß die Anweisungen strikt in ihrer textlichen Reihenfolge abgearbeitet werden.

6.3.1. Ausdrücke

Ein (arithmetischer) *Ausdruck* ist eine Vorschrift zur Berechnung eines (numerischen) Wertes und damit das Analogon zur mathematischen Formelschreibweise. Folgende Bestandteile sind möglich:

Operatoren		Operanden oder Elementarausdrücke
+	Addition	numerische Konstante ohne Vorzeichen
−	Subtraktion	Variable
*	Multiplikation	Funktionsaufruf
/	Division	(Ausdruck)
**	Potenzierung	

Funktionsaufruf bezieht sich auf interne und externe Funktionen (s. Abschn. 6.7.).

Besonderheiten gegenüber der herkömmlichen Schreibweise:

1. Streng lineare Schreibweise ohne Hoch- und Tiefstellen einzelner Glieder.
2. Der Multiplikationsoperator * darf nicht weggelassen werden.
3. Zwei aufeinanderfolgende Operatoren sind durch Klammersetzung zu trennen.
4. Es gibt nur runde Klammern (s. Operanden).

Der Operand *Variable* ist wie folgt definiert:

variable ::= einfache_variable|indizierte_variable

einfache_variable ::= name

Die indizierte Variable wird in Abschn. 6.6. behandelt. Eine Variable ist Träger eines (numerischen) Wertes, der sich bei der Programmabarbeitung ändern kann. Eine Variable verkörpert stets einen bestimmten Wertetyp. Wir unterscheiden die bereits in Abschn. 6.2.2. besprochenen Typen INTEGER und REAL sowie DOUBLE PRECISION, letzterer für reelle Werte mit doppelter Genauigkeit.

Die Auswertung eines Ausdrucks erfolgt nach den üblichen Regeln unter Zugrundelegung der aktuellen Werte der Operanden bzw. der Werte der Konstanten. Dabei wird von links nach rechts fortgeschritten, aber unter Beachtung der Prioritäten:

1. Klammerausdrücke,
2. Potenzierungen,
3. Multiplikationen und Divisionen,
4. Additionen und Subtraktionen (auch als Vorzeichenoperatoren).

Das ist rekursiv anzuwenden, da Klammerausdrücke (sind spezielle Elementarausdrücke) in bekannter Weise zur Festlegung der Auswertungsreihenfolge geschachtelt werden können. Mit diesen Prioritäten ist festgelegt, welche Operanden zu einem Operator gehören. Die Abarbeitung der Operatoren erfolgt, indem der Ausdruck i. a. mehrmals von links nach rechts durchlaufen wird und dabei *die* Operatoren ausgeführt werden, deren Operanden keine oder bereits berechnete Klammerausdrücke sind.

Beispiel: −A + B*(C + D**E)/F*G)

entspricht (−A) + (((B*(C + (D**E)))/F)*G)

Der Ergebnistyp eines Ausdrucks liegt fest, wenn das für die ein- und zweistelligen Operationen der Fall ist. Eine einstellige Operation (Vorzeichenoperation) bewirkt keine Änderung des Typs. Bei einer zweistelligen Operation ist der Ergebnistyp gleich dem höheren der Operandentypen (Reihenfolge aufwärts: INTEGER – REAL – DOUBLE PRECISION). Die eventuell erforderliche Konvertierung erfolgt vor der Operationsausführung mit Hilfe geeigneter in-line-Standardfunktionen (s. Abschn. 6.3.2.).

Die Division zweier INTEGER-Größen liefert daher nur den ganzzahligen Teil des Quotienten (5/3*2 ≠ 5*2/3).

Potenzoperation: Negative Basis nur bei Exponenten vom Typ INTEGER zulässig, Basis vom Wert Null nur bei positivem Exponenten zulässig.

Beispiele (die Typen der Variablen sind vordefiniert):

FORTRAN	übliche Schreibweise	Ergebnistyp/Fehleraussage
A/B * C	$\frac{A}{B} \cdot C$	REAL
A/(B * C)	$\frac{A}{B \cdot C}$	REAL
π * r ** 2	πr^2	keine Klein- und griech. Buchstaben
PI * RAD ** 2	$PI \cdot RAD^2$	REAL
A/B + C * A/B * D	$\frac{A}{B} + \frac{C \cdot A}{B} \cdot D$	REAL
N * (N + 1)/2	$\frac{n \cdot (n+1)}{2}$	INTEGER

6.3.2. *Standardfunktionen*

Die wichtigsten elementaren mathematischen Funktionen und eine Reihe weiterer Funktionen stehen in FORTRAN als sogenannte *Standardfunktionen* zur Verfügung. Deren Aufrufe sind syntaktisch Elementarausdrücke und können unmittelbar in Ausdrücken stehen. Die Auswertung des Funktionsaufrufs bedeutet die Aktivierung der entsprechenden Befehlsfolge, die entweder als Unterprogramm einmal extern (*out-of-line*) vom Übersetzer beigefügt wurde oder als *in-line*-Befehlsfolge an allen Aufrufstellen eingefügt wurde.

Syntax:
funktionsaufruf ::= funktionsname (aktueller_parameter ,...)

Als *aktuelle Parameter* kommen hier nur Ausdrücke in Frage.

Beispiele:

FORTRAN	übliche Schreibweise
X + SQRT(X * Y − 3.0)	$x + \sqrt{xy - 3}$
EXP(2 * SIN(2 * X)** 2)	$e^{2 \cdot \sin^2(2x)}$
IABS(N−K+I)	$\|n - k + i\|$

Eine Übersicht der wichtigsten Standardfunktionen und ihrer Charakteristika gibt die Tab. 6-1.

Tabelle 6-1. FORTRAN-Standardfunktionen im DOS/ES

Mathematische Bezeichnung	Funktions-name	Funktions-typ	Parameter Anzahl	Parameter Typ	Erläuterung
out-of-line:					
Quadratwurzel	SQRT	R	1	R	$\sqrt{x}$ mit $x \geqq 0$
	DSQRT	D	1	D	
Sinus	SIN	R	1	R	$\sin(x)$ mit $\|x\| \leqq c \cdot \pi$ $(c=2^{18})$
	DSIN	D	1	D	$(c=2^{50})$
Kosinus	COS	R	1	R	$\cos(x)$ mit $\|x\| \leqq c \cdot \pi$ $(c=2^{18})$
	DCOS	D	1	D	$(c=2^{50})$

Tab. 6-1. (Fortsetzung)

Mathematische Bezeichnung	Funktions-		Parameter		Erläuterung
	name	typ	Anzahl	Typ	
Arcustangens	ATAN	R	1	R	arctan (x)
	DATAN	D	1	D	
Tangens hyperbol.	TANH	R	1	R	tanh (x)
	DTANH	D	1	D	
Exponential-funktion	EXP	R	1	R	e^x mit $x < 174{,}673$
	DEXP	D	1	D	
Natürlicher Logarithmus	ALOG	R	1	R	ln (x) mit $x > 0$
	DLOG	D	1	D	
Dekadischer Logarithmus	ALOG1Ø	R	1	R	lg (x) mit $x > 0$
	DLOG1Ø	D	1	D	
Abschneiden des gebrochenen Teils	INT	I	1	R	$[x]$
	DINT	D	1	D	
	AINT	R	1	R	
	IDINT	I	1	D	
Divisionsrest	MOD	I	2	I	$x_1 - [x_1/x_2] \cdot x_2$ mit $x_2 \neq 0$
	AMOD	R	2	R	
	DMOD	D	2	D	
Maximum	MAXØ	I	n	I	max $(x_1, x_2, \ldots, x_n)$ $(n \geqq 1)$
	MAX1	I	n	R	
	AMAXØ	R	n	I	
	AMAX1	R	n	R	
	DMAX1	D	n	D	
Minimum	MINØ	I	n	I	min $(x_1, x_2, \ldots, x_n)$ $(n \geqq 1)$
	MIN1	I	n	R	
	AMINØ	R	n	I	
	AMIN1	R	n	R	
	DMIN1	D	n	D	
in-line:					
Absoluter Wert	ABS	R	1	R	$\|x\|$
	IABS	I	1	I	
	DABS	D	1	D	
Vorzeichen-übertragung	SIGN	R	2	R	sign (x_2) $\|x_1\|$
	ISIGN	I	2	I	
	DSIGN	D	2	D	
Schwache Differenz	DIM	R	2	R	$x_1 -$ min (x_1, x_2)
	IDIM	I	2	I	

Tab. 6-1. (Fortsetzung)

Mathematische Bezeichnung	Funktions-name	typ	Parameter Anzahl	Typ	Erläuterung
Konvertierung	FLOAT	R	1	I	Umwandlung von ganzzahlig in reell
	DFLOAT	D	1	I	Umwandlung von ganzzahlig in doppeltgenau
	IFIX	I	1	R	Umwandlung von $[x]$ in ganzzahlig
	SNGL	R	1	D	Umwandlung von doppeltgenau in reell (Verkürzen der internen Darstellung)
	DBLE	D	1	R	Umwandlung von reell in doppeltgenau (internes Erweitern mit Nullen)

1) I, R, D bedeuten der Reihe nach INTEGER, REAL, DOUBLE PRECISION.
2) $[x] = \text{sign}(x) \cdot Gx$, wobei Gx die größte ganze Zahl kleiner oder gleich $|x|$ ist.

6.3.3. *Ergibtanweisung*

Die *Ergibtanweisung* ist die eigentliche Rechenanweisung in FORTRAN. Sie enthält die Berechnung eines Ausdrucks und weist dessen Wert (als ersten oder neuen Wert) einer Variablen zu.

Syntax:

ergibtanweisung ::= variable = ausdruck

Stimmt der Typ des Ausdrucks (seines Wertes) nicht mit dem der Variablen überein, so erfolgt automatisch eine *Konvertierung* mit Hilfe der entsprechenden Standardfunktionen (s. Tab. 6-1). Der Übergang zu INTEGER erfolgt ohne Rundung, d. h., es wird stets der ganze Teil der Zahl in die Festkommadarstellung umgewandelt.

Beispiel: I = 8.5/5 ergibt den Wert 1.

Das Zeichen „=" der Ergibtanweisung wird gelesen „ergibt sich zu".

Beispiele (die Variablen seien vom vordefinierten Typ):

X = ∅, X = ∅.∅ (erspart Konvertierung),
F = 3.1416*R**2, X = −X (Vorzeichenumkehr),
I = I + 1 (Erhöhung von I um 1),
R = SQRT (X**2 + Y**2)*0.5

Fehlerhaft sind: A + B = (X − 3.2)*Y (linke Seite ist keine Variable),
S = T = 1.∅ (keine Mehrfachanweisungen gestattet)

6.3.4. *Typanweisung*

Die *Typanweisung* gestattet, den Typ eines Namens explizit zu vereinbaren. Auf diese Weise kann von der Standardtypfestlegung abgewichen werden. Bei Feldern gestattet die Typanweisung zusätzlich die Definition weiterer Bestimmungsgrößen (s. Abschn. 6.6.).

Syntax:

typanweisung ::= typ{einfache_variable|feldname [(indexgrenzenliste)]|funktionsname}$^{1..}$

typ ::= INTEGER|REAL|DOUBLE PRECISION

Allen Namen, die in einer Typanweisung stehen, wird damit der durch das Schlüsselwort gekennzeichnete gleiche Typ zugewiesen.

Beispiele: INTEGER ANZAHL, NUM, S,
REAL I, WERT

Wenn eine Programmeinheit nur diese beiden Typanweisungen enthält, dann gilt für alle zusätzlich auftretenden Namen die Standardtypfestlegung. Die explizite Festlegung von NUM und WERT ist überflüssig.

6.3.5. *STOP-Anweisung und PAUSE-Anweisung*

Syntax:

STOP_anweisung ::= STOP [mitteilung]

PAUSE_anweisung ::= PAUSE [mitteilung]

mitteilung ::= g_k_o_v

Die Mitteilung kann aus maximal 5 Ziffern bestehen. Beide Anweisungen werden auf der Abfrageeinheit (Bedienerschreibmaschine) der DVA protokolliert. Die STOP-Anweisung beendet die Ausführung der Programmeinheit. Eine ihr im Text der Programmeinheit folgende Anweisung muß markiert sein, da diese nur durch einen Sprung erreichbar ist.

Die *PAUSE-Anweisung* unterbricht die Ausführung des Programmes, die DVA geht in den Wartezustand. Am System können durch den Bediener manuelle Veränderungen, z. B. das Einlegen eines Lochkartenstapels, erfolgen. Der Wartestatus kann nur vom Bediener beendet werden. Die Ausführung des Programms wird dann mit der auf die PAUSE-Anweisung folgenden Anweisung fortgesetzt.

6.3.6. *Beispiel*

Der Aufbau eines *Hauptprogramms* wurde in Abschn. 6.1.3. angegeben.

Aufgabe: Ein Geldbetrag unter 1000 M (Angabe in vollen Mark in den Spalten 10 bis 12 einer Lochkarte) soll so in die Währungseinheiten 50 M, 20 M, 5 M und 1 M zerlegt werden, daß deren Anzahl minimal ausfällt.

Druckbild:

```
leerzeile
ƀƀƀM = ƀƀ*FUENFZIG M + ƀ*ZWANZIG M + ···
```

FORTRAN-Programm:

```
C  MINIMALE ZERLEGUNG EINES GELDBETRAGES
       INTEGER BETRAG
       READ (1,2Ø) BETRAG
   2Ø  FORMAT (9X,I3)
       MARK5Ø = BETRAG/5Ø
       M = BETRAG-MARK5Ø*5Ø
C M IST DER RESTBETRAG FUER DIE WEITERE ZER-
C LEGUNG
       MARK2Ø = M/2Ø
       M = M-MARK2Ø*2Ø
       MARK5 = M/5
       MARK1 = M-MARK5*5
       WRITE (3,3Ø) BETRAG, MARK5Ø, MARK2Ø,
      *MARK5, MARK1
   3Ø  FORMAT (1HØ,I3,5HƀMƀ=ƀ,I2,'*FUENFZIGƀMƀ
      *+ƀ',I1,'*ZWANZIGƀMƀ+ƀ',I1,'*FUENFƀMƀ'+',I1,
      *'EINEƀM')
       STOP
       END
```

Die Resultate der Divisionen als ganzzahlige Teile der Quotienten sind unmittelbar die gesuchten Anzahlen.

6.4. *Programmverzweigungen*

Verzweigte Programmkörper zeichnen sich dadurch aus, daß in Abhängigkeit von einem Test oder mehreren Testen alternative Fortsetzungen existieren. Zur Programmierung von Verzweigungen stehen in FORTRAN die GOTO-Anweisungen und die IF-Anweisungen zur Verfügung. Der Verweis auf die entsprechenden Fortsetzungen (ausführbare Anweisungen) erfolgt mittels Marken. Daher muß die einer solchen Verzweigungsanweisung im Text folgende Anweisung stets eine Marke tragen, sequentiell ist sie nicht erreichbar. Verzweigungsanweisungen beziehen sich stets auf die Programmeinheit, in der sie stehen.

6.4.1. *Unbedingte GOTO-Anweisung*

Syntax:
unbedingte_GOTO_anweisung ::= GOTO marke

Mit dieser Anweisung kann die Abarbeitung der Anweisungen in der textlichen Reihenfolge unterbrochen werden. Als nächste Anweisung wird diejenige ausgeführt, die diese Marke trägt.

6.4.2. *Berechnete GOTO-Anweisung*

Syntax:
berechnete_GOTO_anweisung ::= GOTO (markenliste), einfache_variable
markenliste ::= marke$^{\prime\prime\prime\prime}$

Die berechnete GOTO-Anweisung gestattet die Auswahl einer von mehreren Fortsetzungen (Mehrfachverzweigung, variabler Rücksprung) und entspricht dem *variablen Konnektor* in einem PAP. Hat die einfache Variable, die vom Typ INTEGER sein muß, den Wert k, so wird mit der Anweisung fortgefahren, die mit der k-ten Marke der Liste markiert ist. Ist k kleiner als 1 oder größer als die Anzahl der Elemente der Markenliste, so ist die Wirkung undefiniert.

Beispiel 1: GOTO (7, 12, 1, 10), I
führt für I=3 zur Fortsetzung bei der Marke 1, für I=1 bei Marke 7.

Beispiel 2: Zu einem gegebenen Wert x mit $0 \leqq x \leqq 12$ ist $y(x)$ gemäß folgender Definition zu berechnen:

$$y = \begin{cases} 0{,}5x & \text{für } 0 \leqq x < 4, \\ 2 + \sqrt{4 - (x-6)^2} & \text{für } 4 \leqq x < 8, \\ 6 - 0{,}5x & \text{für } 8 \leqq x \leqq 12. \end{cases}$$

```
C PROGRAMMAUSSCHNITT
      I = X/4.Ø+1.Ø
      GOTO (3,4,5,5),I
    3 Y = Ø.5*X
      GOTO 6
    4 Y = 2.Ø+SQRT (4.Ø-(X-6.Ø)**2)
      GOTO 6
    5 Y = 6.Ø-Ø.5*X
    6 ...
```

I erhält einen der Werte 1, 2, 3, 4 je nachdem, welchem Intervall X angehört. Der Wert 4 gilt nur für X = 12 und ist Anlaß, die Marke 5 zweimal in die Markenliste aufzunehmen.

6.4.3. Arithmetische IF-Anweisung

Syntax:

arithmetische_IF_anweisung ::= IF (ausdruck) marke, marke,marke

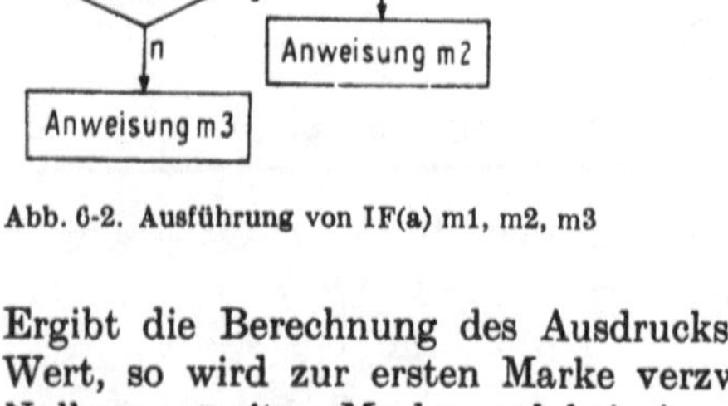

Abb. 6-2. Ausführung von IF(a) m1, m2, m3

Ergibt die Berechnung des Ausdrucks einen negativen Wert, so wird zur ersten Marke verzweigt, beim Wert Null zur zweiten Marke und bei einem positiven Wert zur dritten Marke (vgl. Abb. 6-2).

Beispiel 1: IF(1.5*EXP(T)*SIN(OM*T+PHI)) 4, 12, 9

Beispiel 2: Aufgabenstellung wie im Beispiel 2 in Abschn. 6.4.2.

```
C PROGRAMMAUSSCHNITT
      IF(X-4.Ø)3, 4, 2
    3 Y = Ø.5*X
      GOTO 6
    2 IF(X-8.Ø)4, 5, 5
    4 Y = 2.Ø+SQRT(4.Ø-(X-6.Ø)**2)
      GOTO 6
    5 Y = 6.Ø-Ø.5*X
    6 ...
```

6.4.4. *Beispiel*

Die Verteilungsfunktion $\Phi(x)$ der Gaußschen Normalverteilung

$$\Phi(x) = \frac{1}{\sqrt{2\pi}} \int\limits_{-\infty}^{x} e^{-\frac{t^2}{2}} \, dt = \frac{1}{2} + \frac{1}{\sqrt{2\pi}} \left(x - \frac{x^3}{3 \cdot 2^1 \cdot 1!} + \frac{x^5}{5 \cdot 2^2 \cdot 2!} - + \cdots + (-1)^i \frac{x^{2i+1}}{(2i+1) \cdot 2^i \cdot i!} + \cdots \right)$$

soll nach der angegebenen Potenzreihenentwicklung für $x = 0(0.05)\,4$ tabelliert werden. Die Summation ist jeweils abzubrechen, wenn der relative Fehler der Näherung betragsmäßig kleiner als 10^{-6} ausfällt.

Aufbereitung: Mit der Schreibweise $\Phi = g_{-1} + g_1 + g_3 + g_5 + \cdots$ ergibt sich die Rekursion

$$g_{-1} = \frac{1}{2} \quad g_1 = \frac{1}{\sqrt{2\pi}} \cdot x \quad g_k = -g_{k-2} \cdot x^2 \cdot \frac{k-2}{k \cdot (k-1)} \qquad (k = 3, 5, \ldots).$$

FORTRAN-Programm:

```
C VERTEILUNGSFUNKTION PHI(X)
      FAKTOR = 1/SQRT(8*ATAN(1.Ø))
      WRITE (3,1Ø)
   1Ø FORMAT(1H1, 'TABELLIERUNG:'//1Hb,14X,'X',
     *5X,'PHI(X)')
      X = Ø.Ø
    1 G = FAKTOR*X
      K = 1
      PHI = Ø.5+G
    2 K = K+2
      G = -G*X*X*(K-2)/(K*(K-1))
      PHI = PHI+G
      IF(ABS(G/PHI)-1.E-7)3, 2, 2
    3 WRITE(3,2Ø)X,PHI
   2Ø FORMAT(1Hb,13X,F4.2,3X,F6.4)
      X = X + Ø.Ø5
      IF(X-4.Ø1) 1, 4, 4
    4 STOP
      END
```

Druckbild: beginnend auf neuer Seite

```
TABELLIERUNG:
                    X        PHI(X)
                  0.00      0.5000
                   ⋮          ⋮
```

6.5. *Ein- und Ausgabe*

Bei dem umfangreichen Konzept der E/A von FORTRAN wollen wir uns auf die *sequentielle E/A* beschränken. Eine Darstellung der E/A im *Direktzugriff* findet man z. B. in [21]. Bei den Dateien stehen Lochkartendateien und Druckausgabedateien im Vordergrund.

In diesem Abschnitt ist die Benutzung von Feldern und DO-Schleifen erforderlich. Diese Begriffe werden systematisch in Abschn. 6.6. abgehandelt.

Zur Vorbereitung auf diesen Abschnitt wird auf die Passagen der E/A im Demonstrationsbeispiel in Abschn. 6.1.4. hingewiesen.

6.5.1. Datei, Datensatz

Aufgabe der E/A ist die Übertragung von Daten zwischen einem externen Speicher (Lochkarte, Paralleldrucker, Magnetband, Magnetplatte) und dem Hauptspeicher sowie die Steuerung von *E/A*-Geräten. Als *Datei* bezeichnet man einen Datenbestand auf einem externen Speicher, der von einem Programm verarbeitet oder erstellt werden soll und in *Sätze* gegliedert ist. Die Bezugnahme auf eine Datei erfolgt in FORTRAN über die *Dateinummer d.* Die Zuordnung eines speziellen E/A-Gerätes zur Dateinummer wird durch das Betriebssystem (Jobsteueranweisungen) unmittelbar vor der Programmausführung vorgenommen, wenn von Standardzuordnungen abgewichen werden soll. Damit ist ein Programm bis zur Ausführung unabhängig von der verfügbaren Gerätetechnik.

Wir unterstellen die üblichen *Standardzuordnungen:* d = 1 für eine Lochkarteneingabedatei mit der Satzlänge l = 80 Byte, d = 3 für eine Druckausgabedatei mit der Satzlänge l = 121 Byte (davon das erste als Vorschubsteuerzeichen).

Weitere Gerätezuordnungen zu Dateinummern (1 bis 20 sind verfügt), die Zwischenschaltung *logischer Geräte-* und *Dateinamen* sowie die jeweils erlaubten E/A-Operationen sind den entsprechenden Systemunterlagen zu entnehmen. Eine FORTRAN-Datei ist eine Menge von Datensätzen in einer festen Reihenfolge, z. B. ein Lochkartenstapel, in dem jede Lochkarte einen Datensatz verkörpert. *Sequentielle* Verarbeitung bedeutet, daß die Sätze nur in dieser Reihenfolge (Lochkarte, Lochstreifen) oder auch in der umgekehrten Folge bzw. in beliebigem Wechsel (Magnetband, Magnetplatte) übertragen werden können. Die Verarbeitung im *Direktzugriff* (i. a. für Magnetplattendateien) hingegen, gestattet den unmittelbaren Zugriff zu jedem Satz der Datei über seine *Satznummer*. Solche Dateien müssen speziell mit einer DEFINE_FILE_anweisung definiert werden, worauf hier nicht näher eingegangen werden kann.

Eine Datei hat weiter folgende Eigenschaften: Sie besitzt genau einen *Anfangspunkt*, der unmittelbar vor dem ersten Satz liegt. Zu Beginn der (sequentiellen) Verarbeitung wird eine Datei automatisch auf diesen Anfangspunkt positioniert. Ferner kann die Positionierung einer Datei zwischen zwei aufeinanderfolgenden Sätzen oder unmittelbar nach dem letzten Satz stehen. Damit sind die Begriffe „nächster Satz" und „vorhergehender Satz" (bezüglich der Positionierung) unmittelbar klar. Mit der Übertragung des nächsten Satzes rückt die Positionierung automatisch um einen Satz weiter. Nach der Ausführung einer sequentiellen WRITE-Anweisung oder einer ENDFILE-Anweisung existiert kein nächster Satz der Datei. Eine sequentielle READ-Anweisung bezüglich dieser Datei kann daher erst nach einem Rückstellen der Positionierung (BACKSPACE- oder REWIND-Anweisung) gegeben werden.

6.5.2. *Sequentielle E/A-Anweisungen*

Zur Programmierung der sequentiellen E/A dienen folgende Anweisungen: READ-, WRITE-, REWIND-, BACKSPACE- und ENDFILE-Anweisung.

6.5.2.1. *E/A-Liste*

Eine E/A-Liste ist i. a. Bestandteil von READ- und WRITE-Anweisungen. Sie enthält all die Größen, denen durch die Eingabe Werte zuzuordnen bzw. deren Werte auszugeben sind.

Syntax:

e_a_liste ::= {variable|feldname|implizites_do}$^{,\ldots}$

implizites_DO ::= (e_a_liste, laufvariable = anfangswert, testwert [,schrittweite])

laufvariable ::= einfache_variable

anfangswert ::= testwert := schrittweite ::= einfache_variable|g_k_o_v

Die einfache Variable in der vorletzten und letzten Definition muß vom Typ INTEGER sein. Fehlt die Schrittweite, so wird diese automatisch gleich eins gesetzt.

Jede E/A-Liste besteht letztlich nur aus einfachen Variablen und|oder indizierten Variablen und legt für diese eine bestimmte Reihenfolge fest. Diese ergibt sich aus der Aufeinanderfolge der Listenelemente, wobei für einen Feldnamen die Folge der Feldelemente (indizierten Variablen) in der Reihenfolge ihrer Speicherung eingesetzt wird. Für ein implizites DO wird ebenfalls eine Folge von Variablen eingefügt gemäß der Definition (vgl. Abschn. 6.6.3.1.):

```
  I = anfangswert
1 e_a_liste (des impliziten_DO)
  I = I + schrittweite
  IF (I - testwert) 1, 1, 2
2 ...
```

Aus der Syntax folgt, daß implizite DO auch geschachtelt auftreten können.

Beispiele:

1. A, B seien mit DIMENSION A(3), B(3,2) definierte Felder, C, D vordefinierte einfache Variable. Folgende E/A-Listen sind äquivalent:

a) A, C, D, B

b) A(1), A(2), A(3), C, D, B

c) (A(I), I = 1, 3), C, D, B

d) A, C, D, ((B(I,J), I = 1, 3), J = 1, 2)

Soll B zeilenweise erfaßt werden, muß geschrieben werden
((B(I,J), J = 1, 2), I = 1, 3)

2. Äquivalent sind die E/A-Listen
(D, A(I), I = 1, 3) und D, A(1), D, A(2), D, A(3)

6.5.2.2. READ-Anweisung

Syntax:

READ_anweisung ::= READ (dateinummer[,formatmarke]) [e_a_liste]

dateinummer ::= g_k_o_v|einfache_variable

formatmarke ::= marke

Die einfache Variable muß vom Typ INTEGER sein.

Bei Vorhandensein einer Formatmarke sprechen wir von einer *formatgesteuerten* READ-Anweisung. Der nächste Satz der betreffenden Datei wird eingelesen, indem dessen Zeichenfolge gemäß der FORMAT-Anweisung, auf die sich Formatmarke bezieht, als Folge von Datenfeldern (Zeichengruppen) aufgefaßt und jedes Datenfeld entsprechend dem zugeordneten Format interpretiert bzw. bei numerischem Format konvertiert und dem nächsten Element der E/A-Liste zugewiesen wird. Eine Ausnahme bilden die Literalformate und das X-Format, die keinem Element der E/A-Liste entsprechen. Genau dann, wenn die FORMAT-Anweisung nur solche Formate enthält, muß die E/A-Liste entfallen. Die Formatsteuerung kann bewirken, daß mehrere Datensätze eingelesen werden. Dabei muß die festgelegte Satzlänge beachtet werden.

Die *formatfreie* READ-Anweisung beschreibt einen analogen Eingabevorgang, bei dem aber keine Konvertierung erfolgt. Voraussetzung dafür ist, daß der zu lesende Satz vorher mit einer formatfreien WRITE-Anweisung erzeugt worden ist. Die eventuelle E/A-Liste darf nicht mehr Werte fordern, als im Datensatz enthalten sind. Fehlt die E/A-Liste, so entspricht das dem Übergehen des nächsten Satzes der Datei. Die formatfreie E/A, d. h. die Übertragung von Daten in der internen Darstellung, wird meistens zur Zwischenspeicherung (i. a. auf Magnetband oder Magnetplatte) benutzt. Die Eingabe von Primärdaten (z. B. auf Lochkarten) wie auch die Resultatausgabe (z. B. mittels Drucker oder Lochkartenstanzer) erfolgen hauptsächlich mit Formatsteuerung.

6.5.2.3. WRITE-Anweisung

Syntax:

WRITE_anweisung ::= WRITE (dateinummer,formatmarke) [e_a_liste]|WRITE (dateinummer) e_a_liste

Die *formatgesteuerte* WRITE-Anweisung erzeugt den nächsten Satz der betreffenden Datei. Die zu übertragenden Zeichen werden durch die aktuellen Werte der Elemente der E/A-Liste in Verbindung mit der FORMAT-Anweisung bestimmt. Neben der Aufbereitung dieser Werte und ihrer Positionierung kann die FORMAT-Anweisung noch Literale aus ihren Literalformaten einfügen. Sollen nur solche Literale übertragen werden (z. B. reine Textausgabe, s. Beispiel im Abschn. 6.4.4.), entfällt die E/A-Liste. Die Formatsteuerung kann bewirken, daß mehrere Dateisätze erzeugt werden. Bei der Programmierung der FORMAT-Anweisung muß die für die Datei festgelegte Satzlänge beachtet werden.

Die *formatfreie* WRITE-Anweisung muß eine E/A-Liste enthalten. Sie erzeugt stets genau einen, den nächsten Satz der Datei, unabhängig von der Länge der E/A-Liste. Übertragen werden die Werte der Variablen der E/A-Liste in ihrer internen Form (4 bzw. 8 Byte).

6.5.2.4. *REWIND, BACKSPACE und ENDFILE-Anweisung*

Syntax:

REWIND_anweisung ::= REWIND dateinummer
BACKSPACE_anweisung ::= BACKSPACE dateinummer
ENDFILE_anweisung ::= ENDFILE dateinummer

Diese Anweisungen beziehen sich auf Magnetband- und sequentielle Magnetplattendateien.

REWIND d bewirkt die Positionierung der Datei d auf ihren Anfangspunkt. Zu Beginn der Verarbeitung einer Datei erfolgt im DOS/ES diese Maßnahme automatisch, so daß dann REWIND d nicht erforderlich ist.

BACKSPACE d setzt die Datei d um einen Satz zurück. Steht die Datei d bereits auf ihrem Anfangspunkt, so werden BACKSPACE d und REWIND d ignoriert.

ENDFILE d bewirkt, daß auf die Datei als nächster Satz ein Dateiendesatz geschrieben wird. Bei einer Eingabedatei d ist damit das Lesen eventuell nachfolgender Sätze nicht mehr möglich.

6.5.3. *FORMAT-Anweisung*

Die FORMAT-Anweisung dient der Beschreibung der gewünschten aufbereiteten Form von Daten bei der E/A. Außerdem muß mit der FORMAT-Anweisung die Gliederung der betreffenden Datei in Sätze berücksichtigt werden.

Eine FORMAT-Anweisung ist eine nichtausführbare Anweisung, kann an jeder Stelle des Programmkörpers stehen (s. Abschn. 6.1.3.) und muß stets markiert sein, damit sich E/A-Anweisungen auf sie beziehen können.

Das Zusammenwirken von FORMAT-Anweisung und E/A-Anweisung wird im Abschn. 6.5.4. behandelt, während hier alle Elemente der Formatliste besprochen werden.

6.5.3.1. Syntax

FORMAT_anweisung ::= marke FORMAT (formatliste)

satztrennzeichen ::= /

formatliste ::= [/[,]]···/|[/[,]]··· {format|positionierung|
[whf] formatgruppe} [{[,][/[,]]···}{format|
positionierung|[whf] formatgruppe}]···[[,]/]···

formatgruppe ::= (elem_formatliste)

elem_formatliste ::= [/[,]]···/|[/[,]]··· {format|positionierung} [{[,][/[,]]···}{format|positionierung}]··· [[,]/]···

format ::= [whf]{I|A}feldweite|[skfP][whf]{F|E|D}feldweite . dezimalstellen|literalformat|feldweite X

literalformat ::= zeichenkette ::= feldweite H literal|
'literal'

positionierung ::= T position

whf ::= feldweite ::= position ::= p_g_k_o_v

dezimalstellen ::= g_k_o_v

skf ::= [−] g_k_o_v

Das Zeichen / hat nur in Formatlisten die Bedeutung Satztrennzeichen.

Die Abkürzungen elem_formatliste, whf und skfP bedeuten elementare Formatliste, Wiederholungsfaktor bzw. Skalenfaktor.

Eine Formatliste kann also die Elemente *Format*, *Positionierung*, *Satztrennzeichen* und [*Wiederholungsfaktor*]*Formatgruppe* enthalten. Dabei kann sowohl ein Komma vor einem / als auch nach einem / entfallen, da das / die Wirkung des Kommas als Listentrennzeichen definitionsgemäß umfaßt. Entsprechendes gilt für die elementare Formatliste.

Wie aus der Syntax ersichtlich, sind keine Schachtelungen von Formatgruppen gestattet. Im „vollen“ FORTRAN sind Schachtelungen bis zur Schachtelungstiefe 1 gestattet. Erwähnt sei noch, daß Formatlisten keine Variablen enthalten dürfen. Die Wirkung einer Formatliste ist also in Abhängigkeit von der Programmausführung nicht variierbar. Diese Möglichkeit besteht mit Formatspezifikationen in Feldern, wie sie das „volle“ FORTRAN gestattet.

Wir benötigen im weiteren den Begriff Format in einem engeren Sinn, d. h. ohne Wiederholungs- und Skalenfaktor. Im einzelnen sprechen wir auch von I-, A-, F-, E-, D-, X- und H-Format.

6.5.3.2. Skalenfaktor

Ein *Skalenfaktor* skfP hat die Gestalt

$$[-]\,i\mathrm{P} \qquad (0 \leqq i \leqq 127)$$

und wirkt auf ein F-, E- und D-Format. Die jeweilige Wirkung wird bei diesen Formaten beschrieben. Zu Beginn der Abarbeitung einer FORMAT-Anweisung wird ØP angenommen, wenn nicht ein anderer Skalenfaktor dasteht. Ein Skalenfaktor wirkt solange bei einem E/A-Vorgang, bis er explizit durch einen anderen Skalenfaktor geändert wird. Das gilt auch für eine wiederholte Ausschöpfung der Formatliste (s. Abschn. 6.5.4.).

Beispiel: Die folgenden Formatlisten sind bei einmaliger Ausschöpfung äquivalent, bei mehrmaliger nicht!

F5.2, 2PF6.3, E7.1, I4, −2PF6.3 und
ØPF5.2, 2PF6.3, 2PE7.1, I4, −2PF6.3

6.5.3.3. Formate

Klassifikation der Formate:

Format-code	numerisch (n) nicht-numerisch (nn)	Datenform in der Datei	Typ des Elements der E/A-Liste
I	n	ganzzahlig	INTEGER
F	n	reell ohne Exponent	REAL
E, D	n	reell mit Exponent	DOUBLE PRECISION
A	nn	Literal	beliebig
H	nn	Literal	kein Element
' '	nn	Literal	der E/A-Liste
X	nn	Leerzeichenfolge	zugeordnet

Der von einem numerischen Format geforderte Typ des Elementes der E/A-Liste muß eingehalten werden.

6.5.3.3.1. Gemeinsamkeiten bei der Übertragung numerischer Daten

Bei den Formaten

$$\mathrm{I}w, \quad \mathrm{F}w.d, \quad \mathrm{E}w.d, \quad \mathrm{D}w.d$$

kennzeichnet die Feldweite w die Anzahl der insgesamt zum Datenfeld gehörenden Zeichen, d die Anzahl der Dezimalstellen rechts vom Dezimalpunkt.

Eingabe: Führende Leerzeichen sind ohne Bedeutung, weitere Leerzeichen werden als Nullen interpretiert. Stehen nur Leerzeichen im Datenfeld, wird das als Wert Null gelesen. Das Vorzeichen Plus kann entfallen. Die Angabe d bewirkt die Einfügung des Dezimalpunktes d Stellen vor dem Ende des Datenfeldes bzw. Beginn des Exponenten. Enthält das Datenfeld bereits einen Dezimalpunkt, wird d nicht beachtet. Enthält das Datenfeld ein Vorzeichen, so darf vorher keine Ziffer, und danach muß mindestens eine Ziffer stehen. Auf die Einhaltung der Zahlbereiche (s. Abschn. 6.2.3.) ist zu achten.

Ausgabe: Nichtnegative Zahlen werden ohne Vorzeichen ausgegeben. Ein Minuszeichen wird unmittelbar vor die erste Ziffer gesetzt. Die Ausgabe erfolgt rechtsbündig in das Datenfeld der Feldweite w. Wird w nicht ausgeschöpft, so wird mit Leerzeichen links aufgefüllt. Wird w überschritten, erfolgt die Ausgabe von w zeichen $*$. Bei der Ausgabe reeller Daten wird, falls notwendig, auf die geforderte Stellenzahl in üblicher Weise gerundet.

6.5.3.3.2. I-Format

Das *I-Format*

$$\mathrm{I}w \qquad (1 \leqq w \leqq 255)$$

dient der Übertragung einer ganzen Zahl zwischen einem Datensatz und einem Element der E/A-Liste vom Typ INTEGER.

Eingabe: zugelassenes Datenfeld

$$\underbrace{[\not b]^{\cdots} \begin{bmatrix}\not b\\ +\\ -\end{bmatrix} \begin{bmatrix}\not b\\ \mathrm{z}\end{bmatrix}^{\cdots}}_{w\ \text{Zeichen}}$$

Ausgabe: erzeugtes Datenfeld

$$\underbrace{[\not b]^{\cdots} \begin{bmatrix}\not b\\ -\end{bmatrix} \mathrm{z}^{\cdots}}_{w\ \text{Zeichen}}$$

Die Zeichenfolge der ganzen Dezimalzahl wird ohne führende Nullen rechtsbündig in das Datenfeld eingetragen.

Beispiele:

Eingabe mit I5		Ausgabe mit I3
Datenfeld	Wert	Datenfeld
Ø 4 2 5 ƀ	4250	* * *
ƀ ƀ −7 Ø	−70	−7 Ø
ƀ − ƀ ƀ 7	−7	ƀ − 7
Ø Ø + 2 5	nicht erlaubt	
+Ø Ø 2 5	25	ƀ 2 5
b Ø 8 ƀ 8	808	8 Ø 8
ƀ ƀ ƀ ƀ ƀ	0	ƀ ƀ Ø

6.5.3.3.3. F-Format

Das *F-Format*

$$\mathrm{F}w.d \qquad (1 \leqq w \leqq 255,\ 0 \leqq d \leqq w)$$

dient der Übertragung einer reellen Zahl in exponentenfreier Schreibweise zwischen einem Datensatz und einem Element der E/A-Liste vom Typ REAL oder DOUBLE PRECISION.

Eingabe:

$$\underbrace{[\text{ƀ}]^{\cdots} \begin{bmatrix} \text{ƀ} \\ + \\ - \end{bmatrix} \begin{bmatrix} \text{ƀ} \\ \mathrm{z} \end{bmatrix}^{\cdots} [.] \begin{bmatrix} \text{ƀ} \\ \mathrm{z} \end{bmatrix}^{\cdots}}_{w \text{ Zeichen}}$$

Bis auf den eventuell vorhandenen Dezimalpunkt ist die Form die gleiche wie beim I-Format. Die Interpretation wurde im Abschn. 6.5.3.3.1. angegeben. Aus dem so erhaltenen Wert folgt der interne Wert durch Multiplikation mit 1Ø**(−skf). In allen weiteren Beispielen ohne skfP soll skf = Ø gelten.

Beispiele:

Format	Datenfeld	Wert
F6.2	6 5 4 3 2 1	6543.21
−1PF6.2	ƀ5 4 3 2 1	5432.1
F6.3	'5 4 3 2 . 1	5432.1
3PF6.0	ƀ−ƀ1 2 5	−0.125
4PF6.4	ƀƀ ƀƀƀƀ	0.0

Ausgabe:

$$\underbrace{[\text{ƀ}]^{\cdots}\begin{bmatrix}\mathrm{b}\\ -\end{bmatrix}[\mathrm{z}]^{\cdots}\,.\,\underbrace{[\mathrm{z}]^{\cdots}}_{d\ \text{Ziffern}}}_{w\ \text{Zeichen}}$$

Die Gleitkommazahl des auszugebenden Elements der E/A-Liste wird zunächst mit 1Ø**skf multipliziert und anschließend in eine Dezimalzahl mit *d* Stellen nach dem Dezimalpunkt konvertiert und dabei gerundet. Bei Werten x mit $|x| < 1$ wird vor den Dezimalpunkt eine Ø gesetzt, sofern der Platz ausreicht.

Beispiele:

Format	Wert	Datenfeld
F6.1	365.26	ƀ3 6 5 .3
−2PF5.Ø	−3652.6	ƀ−3 7 .
F6.2	0.0	ƀƀ Ø.Øƀ
F6.2	−620.305	******
−2PF8.2	3.25	ƀ−Ø.Ø325

6.5.3.3.4. E- *und* D-*Format*

Die Formate der Gestalt

$$\mathrm{E}w.d \quad \text{und} \quad \mathrm{D}w.d$$

dienen der Übertragung einer reellen Zahl mit *Dezimalexponent.* Einzelheiten findet der Leser in [23] und [21].

6.5.3.3.5. A-Format

$$\mathrm{A}w \quad (1 \leqq w \leqq 255)$$

dient der Übertragung einer Folge von Zeichen, auch *Literal* genannt, zwischen einem Datenfeld der Länge w und einer Variablen beliebigen Typs der E/A-Liste. Eine Variable gestattet entsprechend ihrer Typlänge $g = 4$ oder $g = 8$ Zeichen. Die Übertragung ist mit keiner Konvertierung verbunden, es erfolgt nur eine Art Redaktion bei $w \neq g$.

Eingabe: Bei $w \leqq g$ wird das Datenfeld linksbündig in die Variable übertragen und diese mit $g - w$ Zeichen ƀ rechts aufgefüllt. Bei $w > g$ erfolgt die Übertragung rechtsbündig, $g - w$ Zeichen bleiben links unberücksichtigt.

Ausgabe: Der Vorgang ist völlig analog. Bei $w \leqq g$ wird die Variable linksbündig in das Datenfeld übertragen, bei $w > g$ rechtsbündig. Bei $w < g$ bleiben Zeichen unberücksichtigt, bei $w > g$ wird mit ƀ aufgefüllt.

Beispiele:

Format	Datenfeld		Variable ($g = 4$)
A4	MARK	⟷	MARK
A6	LOSƀ25	⟶	Sƀ25
A6	ƀƀSƀ25	⟵	Sƀ25
A2	PI	⟷	PIƀƀ

Das A-Format ist für gewisse Manipulationen mit nichtnumerischen Daten erforderlich, z. B. zum Vergleich von nichtnumerischen Kenndaten oder zur graphischen Wertausgabe über den Drucker.

Beispiel:

```
      DOUBLE PRECISION KARTE (5Ø)
      READ (1,1Ø) KARTE
   1Ø FORMAT (A8Ø)
```

Die READ-Anweisung speichert die acht Spalten Nr. 73 bis 80 von 50 Lochkarten ohne Konvertierung in das Feld KARTE.

6.5.3.3.6. *Literalformate*

Diese Formate

$$w\mathrm{H}c_1c_2 \ldots c_w \quad \text{und} \quad {}'c_1c_2 \ldots c_w' \quad (1 \leqq w \leqq 255)$$

wurden schon als Zeichenketten (vgl. Abschn. 6.2.3) besprochen. Ihnen ist kein Element der E/A-Liste zugeordnet. Übertragungen erfolgen zwischen dem Datensatz und dem Literal $c_1c_2 \ldots c_u$ der Formatliste.

Eingabe: Die w Zeichen des Datenfeldes überschreiben das Literal.

Ausgabe: Die zum Ausgabezeitpunkt im Literal stehenden w Zeichen werden übertragen.

Beispiel:

```
   READ (1,1Ø)
1Ø FORMAT ('ƀNAECHSTERƀZUG')
   WRITE (3,1Ø)
```

Über das Literal wird hier der nächste Zug des Spielers eingelesen und zu Protokollzwecken gedruckt.

Allgemein werden Literale zur Einfügung von Text in die Ausgabe benötigt.

6.5.3.3.7. *X-Format*

Das *X-Format*

$$w\mathrm{X} \qquad (1 \leqq w \leqq 255)$$

übergeht bei der Eingabe die nächsten w Zeichen des Datensatzes und überträgt bei der Ausgabe w Leerzeichen in den Datensatz.

6.5.3.4. Weitere Bestandteile der Formatliste

Eine Formatliste bewirkt die Zerlegung der betreffenden Datei in Datensätze und die Zerlegung der Datensätze in Datenfelder. Jedes Datenfeld wird gemäß dem zugeordneten Format interpretiert und übertragen. Für diese Aufgaben und eine rationelle Schreibweise der Formatliste stehen neben den Formaten weitere Elemente zur Verfügung (vgl. Abschn. 6.5.3.1.).

6.5.3.4.1. Positionierung

Mit der *Positionierung*

$$\mathrm{T}p \qquad (1 \leqq p \leqq 255)$$

wird erreicht, daß das nachfolgende Format der Formatliste ab der Position p im Datensatz wirkt. Solange keine weitere Positionierung folgt, beziehen sich die folgenden Formate auf die im Datensatz folgenden Datenfelder. Mit Hilfe der Positionierung können Datenfelder in beliebiger Reihenfolge übertragen werden. Auch können Übertragungen desselben Datensatzes mehrfach und mit unterschiedlichen Formaten erfolgen. Bei Druckausgabedateien ist zu beachten, daß das Vorschubsteuerzeichen bei p mitzuzählen ist.

Beispiel: 5 FORMAT (I2, I3, T1, A5, 3F1Ø.5, T26, A6, I4) interpretiert einen Datensatz wie folgt:

A5			A6 I4
I2 I3	F1Ø.5	F1Ø.5	F1Ø.5

6.5.3.4.2. Formatgruppe

Eine *Formatgruppe* stellt eine durch ein Klammerpaar umfaßte Liste mit den möglichen Elementen Format, Positionierung, Satztrennzeichen dar (vgl. Abschn.

6.5.3.1.). Zweck der Formatgruppe ist es, die wiederholte Niederschrift einer bestimmten Folge der genannten Elemente zu ersparen, indem die Formatgruppe Träger eines Wiederholungsfaktors sein kann. Außerdem hat die letzte Formatgruppe einer Formatliste eine zusätzliche Funktion (s. Abschn. 6.5.4.). Beispiele folgen anschließend im Abschn. 6.5.3.4.3.

6.5.3.4.3. Wiederholungsfaktor

Der *Wiederholungsfaktor* whf ($1 \leqq \text{whf} \leqq 255$) gestattet eine verkürzte Schreibweise der Formatliste. Er gibt an, daß das nachfolgende numerische oder A-Format bzw. die Formatgruppe whf-mal hintereinander angewendet werden soll. So sind z. B. die folgenden Formatlisten äquivalent:

I2, I2, I2, F6.2, F6.2 3I2, 2F6.2

Wirkt ein Wiederholungsfaktor auf eine Formatgruppe

whf (formatliste)

so ist dieser Schreibweise i. a. die folgende äquivalent

$$\underbrace{(\text{formatliste, formatliste, \ldots, formatliste})}_{\text{whf-mal}}$$

Durch die Klammersetzung bleibt die Eigenschaft Formatgruppe erhalten. Lediglich wenn die Formatliste ein Literalformat enthält, sind beide Schreibweisen nicht äquivalent. Bei der ersten Schreibweise wird bei der Eingabe ein Literal in der Formatliste whf-mal überschrieben, während bei der zweiten Form die Eingabe whf verschiedene Literale je einmal überschreibt. Dieser Unterschied ist bei einer eventuellen späteren Ausgabe mit derselben FORMAT-Anweisung zu beachten.

Beispiele: Äquivalent sind die Formatlisten

1) 4X, 2(I3/2I4), 2F6.2 und 4X, (I3/I4,I4,I3/I4,I4), F6.2, F6.2

2) 2(F4.∅, 2I3, 2PE9.2), I1 und (F4.0, I3, I3, 2PE9.2, F4.∅, I3, I3, E9.2), I1

F4.∅ hat hier anfangs den Skalierungsfaktor ∅, dann 2.

Nicht äquivalent sind

1) 2(I1, E6.1) und (2I1, 2E6.1)

2) 2('LIT', I3) und ('LIT', I3, 'LIT', I3)

6.5.3.4.4. Satztrennung

Wir sehen zunächst von der wiederholten Ausschöpfung einer Formatliste ab. Enthält die Formatliste kein Satztrennzeichen, dann definiert die gesamte Formatliste einen Satz. Ansonsten definiert jedes / das Ende eines Satzes und den Beginn des nächsten. Bei der

Eingabe wird der nächste Satz in den E/A-Bereich des Hauptspeichers gelesen, bei der

Ausgabe der E/A-Bereich des Hauptspeichers als nächster Satz ausgegeben und der E/A-Bereich gelöscht.

Zur Verdeutlichung der Satzfolge denken wir uns alle Wiederholungsfaktoren aufgelöst (vgl. Abschn. 6.5.3.4.3.). Stehen in der Formatliste n Zeichen /, so beschreibt die Formatliste $n + 1$ Sätze: von der öffnenden Klammer der Formatliste bis zum ersten /, von einem / bis zum nächsten / und vom letzten / bis zur letzten schließenden Klammer. Ist einer der genannten Bereiche leer, so definiert er einen *leeren Satz*. m aufeinanderfolgende / am Anfang oder Ende der Formatliste definieren also m leere Sätze, im Innern der Formatliste $m - 1$ leere Sätze. Bei der Eingabe bedeutet ein leerer Satz das Übergehen des nächsten Satzes (z. B. einer Lochkarte), bei der Ausgabe die Übertragung eines leeren Satzes (z. B. einer Leerzeile, genauer: eines Zeilenvorschubs auf dem Drucker). Wird eine FORMAT-Anweisung mehrfach ausgeschöpft, gilt alles entsprechend, wobei die logische Reihenfolge der / zu beachten ist.

Beispiel: FORMAT (3A5, 2X /A2,2(3X, I8 / 3X, F8.2))

Satzfolge:

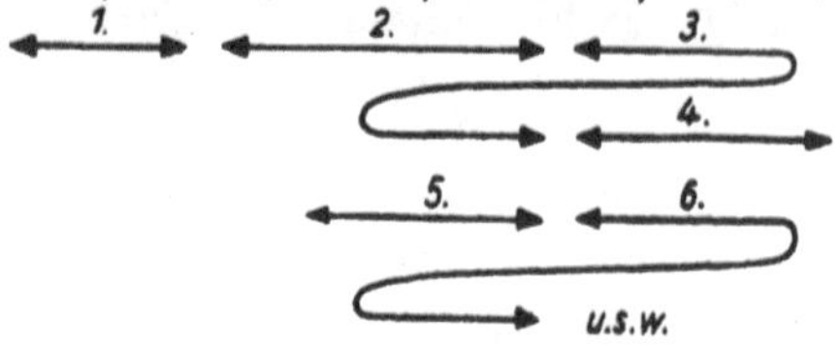

6.5.3.4.5. *Vorschubsteuerung*

Bei der Ausgabe einer Datei über einen Drucker muß der *Papiervorschub* ausdrücklich programmiert werden. Wäre der Papiervorschub, etwa um eine Zeile, automatisch mit der Ausgabe eines Satzes gekoppelt, könnte kein Mehrfachdruck in eine Zeile erfolgen. Der Vorschub wird durch das erste Zeichen des Datensatzes gesteuert:

erstes Zeichen	Bedeutung
+	kein Vorschub
1	Vorschub auf erste Zeile der nächsten Seite
Ø	Vorschub auf übernächste Zeile (um 2 Zeilen)
ƀ	Vorschub auf nächste Zeile (um eine Zeile)
übriges Zeichen	Vorschub undefiniert

Dieses erste Zeichen wird nicht gedruckt, so daß das n-te Zeichen des Datensatzes auf die Druckposition $n - 1$ kommt. Der Vorschub erfolgt vor dem Drucken der Zeile, d. h. zu Beginn der Übertragung des E/A-Bereiches. Ausgelöst wird die Ausgabe einer Zeile durch ein / oder die) der Formatliste.

Beispiele:

1Hƀ, 1X, 'ƀ' am Anfang eines Datensatzes bewirken sämtlich den Vorschub um eine Zeile,

(4HƀNIE// 'ØNIE') würde als Formatliste einer Drukkerausgabe zweimal das Wort NIE je ab Druckposition 1 mit zwei Leerzeilen als Zwischenraum ergeben.

6.5.4. *Zusammenwirken von Formatliste und* E/A-*Liste bei einem formatgesteuerten* E/A-*Vorgang*

Die Abarbeitung einer formatgesteuerten E/A-Anweisung erfolgt unter der Regie der Formatliste. Die Formatliste wird dabei von links nach rechts unter Berücksichtigung eventueller Wiederholungsfaktoren abgearbeitet. Ein Literalformat, X-Format, Satztrennzeichen und eine Positionierung beziehen sich jeweils auf sich selbst, während ein numerisches und ein A-Format sich je auf das nächste Element der E/A-Liste beziehen. Die Elemente der E/A-Liste werden dabei nacheinander in der in Abschn. 6.5.2.1. beschriebenen Reihenfolge erfaßt. Für die Einhaltung der Verträglichkeit des betreffenden Formats mit dem zugeordneten Element der E/A-Liste ist der Programmierer verantwortlich. Der Übertragungsprozeß endet, wenn entweder

a) das erste numerische oder A-Format der Formatliste oder
b) die schließende Klammer der Formatliste

erreicht wird, nachdem die E/A-Liste ausgeschöpft ist. Nach Ausschöpfung der E/A-Liste wird also die Auswertung der Formatliste gegebenenfalls noch fortgesetzt. Wird die schließende Klammer der Formatliste erreicht, ohne daß die E/A-Liste ausgeschöpft ist, so wird die Formatliste von vorn begonnen, wenn sie keine Formatgruppe enthält, ansonsten mit der am weitesten rechts stehenden Formatgruppe einschließlich deren eventuellen Wiederholungsfaktors. Das letztere gilt auch bei wiederholtem Erreichen der schließenden Klammer. Die schließende Klammer der Formatliste bewirkt außerdem stets den Abschluß des betreffenden Satzes (vgl. Abschn. 5.5.3.4.4.).

6.5.5. Beispiele

1. READ (1, 1Ø) K,A,B
   1Ø FORMAT (I6, 4X, 2F1Ø.3)

Die Spalten 1–6, 11–20, 21–30 der nächsten Lochkarte werden der Reihe nach in den Formaten I6,F1Ø.3, F1Ø.3 interpretiert und die Werte den Variablen K,A,B zugewiesen.

2. WRITE (3,2Ø) X,Y
   2Ø FORMAT (5X,4HXƀ=ƀ,F7.3,5X,4HYƀ=ƀ,F7.3)

bewirkt: Vorschub um eine Zeile, 4 Leerstellen, Text X =, Wert von X (Spalten 9 bis 15), 5 Leerstellen, Text Y =, Wert von Y (Spalten 25 bis 31).

3. READ (1,1Ø) N,(X(I),I=1,N)
   1Ø FORMAT (//I3//8(F7.2,3X))

bewirkt: Überlesen zweier Lochkarten, Lesen von N aus der 3. Lochkarte (Spalten 1 bis 3), Überlesen einer Lochkarte, Entnahme der Werte von X(1), ..., X(8) aus der 5. Lochkarte (Spalten 1 bis 7, 11 bis 17, ..., 71 bis 77), Entnahme der Werte von X(9), ..., X(16) aus der 6. Lochkarte usw. Das geschieht solange, bis N Werte erfaßt sind.

4. Eine Folge von N Meßwerten A(1), ..., A(N) soll zeilenweise auf einer neuen Seite wie folgt ausgegeben werden:

```
MESSWERTEFOLGE:

     1          2                10
  xxxx.xx    xxxx.xx    ...    xxxx.xx
  xxxx.xx    xxxx.xx    ...    xxxx.xx
  ...
  xxxx.xx    xxxx.xx ... xxxx.xx
```

Die Datenfelder liegen in den Spalten 3 bis 9, 13 bis 19, ..., 93 bis 99. Folgende Ausgabeanweisung erzeugt dieses Druckbild:

```
   WRITE (3,1Ø) (I,I=1,1Ø), (A(I),I=1,N)
1Ø FORMAT ('1MESSWERTEFOLGE:'//6X,1Ø(I2,8X)//
  *1Ø (3X,F7.2))
```

5. Demonstrationsbeispiel im Abschn. 6.1.4. Alle Passagen der E/A dieses Beispiels sind mit den Darlegungen von Abschn. 6.5. erfaßt.

6.6. Felder, Äquivalenzen, Schleifen

Felder sind geordnete Mengen von Daten gleichen Typs, wie sie uns z. B. in der Gestalt von Vektoren oder Matrizen begegnen. Häufig kann die Verarbeitung von Feldelementen (indizierten Variablen) in Zyklen formuliert werden. Zur bequemen Steuerung zyklischer Rechenprozesse dient die DO-Anweisung. Die EQUIVALENCE Anweisung ermöglicht es, mehreren Variablen denselben-Speicherplatz zuzuordnen. Das gestattet eine effektive Speichernutzung und den Zugriff zu einem Wert unter verschiedenen Namen.

6.6.1. Felder

6.6.1.1. Definition von Feldern

Ein *Feld* ist bestimmt durch seinen Namen, seinen Typ, seine Dimension bzw. die Anzahl der Indizes seiner Elemente und die Laufbereiche der Indizes. Basis-FORTRAN gestattet Felder bis zur Dimension drei. Eindimensionale Felder fassen wir auch als Vektoren auf, zweidimensionale als Matrizen. Die Definition eines Feldes muß stets explizit durch die Angabe

Feldname (Indexgrenzenliste) in einer
a) DIMENSION-Anweisung oder
b) Typanweisung (s. Abschn. 6.3.4.) oder
c) COMMON-Anweisung (wird im Abschn. 6.7.5. behandelt)
erfolgen.

Syntax:

DIMENSION_anweisung ::= DIMENSION {feldname (indexgrenzenliste)}'...

indexgrenzenliste ::= p_g_k_o_v'...

feldname ::= name

Bei b) ist der Typ des Feldes explizit festgelegt. Bei den Formen a) und c) kann eine explizite Typfestlegung ergänzt werden, indem der betreffende Feldname ohne (Indexgrenzenliste) in einer Typanweisung aufgeführt wird, die nicht vor a) oder c) stehen darf. Ansonsten ist bei a) und c) der Typ des Feldes vordefiniert gemäß dem Anfangsbuchstaben des Feldnamens.

Der Laufbereich jedes Index' beginnt mit 1. Die i-te Indexgrenze ist die obere Grenze des Laufbereiches des i-ten Index. Damit ergibt sich die Anzahl der Feldelemente als Produkt aller Indexgrenzen.

Zu beachten ist, daß FORTRAN keine variablen Indexgrenzen und damit keine Felddefinitionen erst zur Laufzeit des Programms (dynamische Felddefinitionen) gestattet, da ein Blockkonzept etwa wie in ALGOL 60 oder PL/1 fehlt. Felder werden daher meist mit großen Indexgrenzen definiert und, gesteuert über aktuelle, einzugebende Indexgrenzen, nur teilweise belegt und verarbeitet.

Beispiele:

1. DIMENSION NORM (12,2Ø), PR(15), T(2,4,6)
2. DIMENSION NORM (12,2Ø), PR(15), T(2,4,6)
   REAL NORM, K
   DOUBLE PRECISION T

3. REAL NORM (12,2Ø), K, PR(15)
   DOUBLE PRECISION T(2,4,6)

Im Beispiel 1 ist NORM vom Typ INTEGER, in 2 und 3 vom Typ REAL. Die Darstellungen 2 und 3 sind äquivalent.

6.6.1.2. *Feldelemente*

Syntax:

indizierte_variable ::= feldelement ::=
feldname (indexliste)

indexliste ::= indexausdruck$^{',...}$

Ein Indexausdruck ist als ganzzahliger Ausdruck definiert.

Beispiele für indizierte Variable: A(4), A(I,J), FELD (3*I, N+1)

Zu beachten ist die streng lineare Schreibweise indizierter Variabler $a_{i,j} \rightarrow$ A(I,J).

Die Anzahl der Indexausdrücke muß gleich der Dimension des betreffenden Feldes sein, von einer möglichen Ausnahme innerhalb der EQUIVALENCE-Anweisung abgesehen. Schließlich muß der Wert jedes Indexausdruckes im zugehörigen Laufbereich liegen.

Die Speicherung der Feldelemente erfolgt in aufeinanderfolgende Speichereinheiten in der Reihenfolge, daß ein vorderer Index schneller läuft als ein hinterer. Das bedeutet:

die natürliche Reihenfolge bei eindimensionalen Feldern und

die spaltenweise Speicherung von Matrizen.

Seien d_1, d_2, d_3 die Indexgrenzen und i_1, i_2, i_3 die Werte der Indexausdrücke, dann ist

A(i_1, i_2) das $i_1+(i_2-1)\cdot d_1$-te Element des Feldes A,

B(i_1, i_2, i_3) das $i_1+(i_2-1)\cdot d_1+(i_3-1)\cdot d_1\cdot d_2$-te Element des Feldes B.

Man nennt diese Ausdrücke auch Speicherabbildungsfunktionen oder Elementnummerfunktionen.

Beispiel: DIMENSION M(3,2), T(2,2,3)

Speicherfolge: M(1,1) M(2,1) M(3,1) M(1,2) M(2,2) M(3,2)
T(1,1,1) T(2,1,1) T(1,2,1) T(2,2,1) T(1,1,2)
T(2,1,2) T(1,2,2) T(2,2,2) T(1,1,3) T(2,1,3)
T(1,2,3) T(2,2,3)

6.6.2. *EQUIVALENCE-Anweisung*

Syntax:

EQUIVALENCE_anweisung ::= EQUIVALENCE (äquivalenz_liste)',...

äquivalenz_liste ::= {einfache_variable|feldname (p_g_k_o_v',...)|feldname (elementnummer)}',...

elementnummer ::= p_g_k_o_v

Eine EQUIVALENCE-Anweisung weist allen Elementen (Variablen) jeder Äquivalenzliste denselben Speicherplatz zu. Bezüglich weiterer Einzelheiten sei auf [2] und [23] verwiesen. Eine Anwendung bringt das Beispiel im Abschn. 6.7.6.

6.6.3. *DO-Anweisung*

Die *DO-Anweisung* dient der Steuerung von Zyklen, nachdem wir bisher zur Steuerung von Zyklen mehrere Anweisungen benötigten. Im folgenden Beispiel wird die Berechnung von $s = \sum_{i=1}^{n} a_i$ sowohl ohne als auch mit DO-

Anweisung dargestellt:

```
  S = Ø,Ø              S = Ø,Ø
  I = 1                Do 1 I = 1,N
1 S = S+A(I)         1 S = S+A(I)
  I = I+1
  IF (I-N) 1,1,2
2 ...
```

Syntax:

DO_anweisung ::= DO marke laufvariable = anfangswert, testwert[,schrittweite]

Die Laufvariable und die 3 Steuerparameter wurden bereits beim impliziten DO (vgl. Abschn. 6.5.2.1.) definiert. Die Marke muß zu einer ausführbaren Anweisung der gleichen Programmeinheit hinter der DO-Anweisung gehören. Diese markierte Anweisung beendet den sogenannten *DO-Bereich*, der unmittelbar nach der DO-Anweisung beginnt, und aus beliebigen Anweisungen, aber unter Beachtung der folgenden Einschränkungen, bestehen kann:

Die letzte Anweisung des DO-Bereichs darf keine

GOTO-	RETURN-
arithmetische IF-	STOP-
DO-	PAUSE-Anweisung

sein. In diesen Fällen kann der DO-Bereich mit der auch anderweit in einem Programm verwendbaren

CONTINUE_anweisung ::= CONTINUE

die keinerlei Aktionen auslöst, abgeschlossen werden. DO-Anweisung und DO-Bereich zusammen bezeichnen wir als *DO-Schleife*. Fehlt die Angabe der Schrittweite, so wird diese automatisch gleich 1 gesetzt.

Zur Ausführungszeit der DO-Anweisung müssen

- Anfangswert, Testwert und Schrittweite positive Werte haben, muß
- Anfangswert $\leq$ Testwert gelten.

Während der Abarbeitung des DO-Bereichs dürfen diese 3 Steuerparameter keine anderen Werte erhalten. Die Laufvariable darf nur durch den Mechanismus der DO-Anweisung verändert werden.

Ein DO-Bereich kann seinerseits DO-Schleifen enthalten. Überlappungen von DO-Bereichen, wie in der Skizze angedeutet, sind verboten:

6.6.3.1. Einfache DO-Schleife

Als *einfache DO-Schleife* bezeichnen wir eine solche, die keine weitere DO-Schleife enthält. Sie wird gemäß Abb. 6-3 abgearbeitet.

Der DO-Bereich wird also unabhängig von den Steuerparametern stets mindestens einmal abgearbeitet. Ein Sprung aus dem DO-Bereich heraus beendet die Abarbeitung der DO-Schleife, falls er nicht in einen sogenannten erweiterten DO-Bereich (s. Abschn. 6.6.3.2.) führt, aus dem später wieder ein Rücksprung in den DO-Bereich erfolgt.

Beispiele für DO-Anweisungen:

DO 1 I = 1,12	entspricht	I = 1(1) 12
DO 1Ø L = 5,78,1Ø	entspricht	L = 5(1Ø) 75
DO 5 LV = 2,M,N	entspricht	LV = 2, 2+N, 2+2N, ... solange LV ≦ M gilt

Fehlerhaft ist z. B. DO 4 I = 1.0, M+4

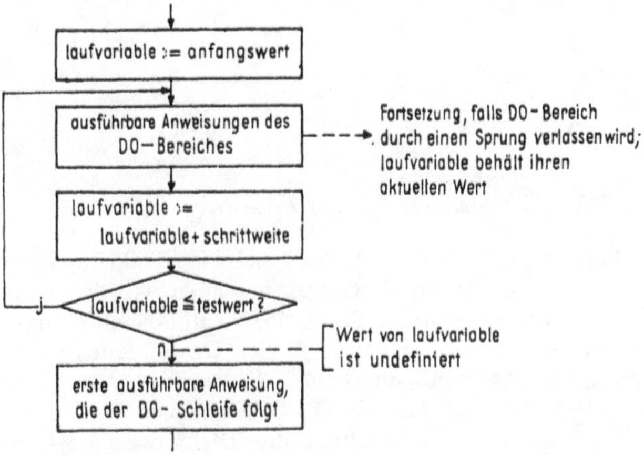

Abb. 6-3. Ausführung einer DO-Schleife

Beispiele für DO-Schleifen:

1. Zu den Argumenten $x_i (i = 1(1)\, n)$ sollen die Funktionswerte

$$y_i = \begin{cases} a \cdot e^{2(x_i - 1)} & \text{für} \quad x_i \leqq 1, \\ a \cdot e^{-4(x_i - 1)} & \text{für} \quad x_i > 1 \end{cases}$$

berechnet werden:

```
   DO 8 I = 1,N
   IF (X(I)-1.Ø) 5,5,6
 5 Y(I) = A*EXP (2*(X(I)-1.Ø))
   GOTO 8
 6 Y(I) = A*EXP (-4*(X(I)-1.Ø))
 8 CONTINUE
```

2. Berechnung eines Funktionswertes eines Polynoms nach dem HORNERschen Schema:

$$\begin{aligned} y &= a_{n+1}x^n + a_n x^{n-1} + \cdots + a_2 x + a_1 \\ &= (\ldots((a_{n+1}x + a_n) \cdot x + a_{n-1}) \ldots) \cdot x + a_1 \end{aligned}$$

In FORTRAN:

```
  Y = A(N+1)
  DO 1 K = 1,N
  I = N+1-K
1 Y = Y*X+A(I)
```

6.6.3.2. Schachtelungen von DO-Schleifen

Wenn innerhalb eines DO-Bereichs eine oder mehrere weitere DO-Schleifen auftreten, sprechen wir von einer *Schachtelung.* Verboten beim Aufbau von Schachtelungen ist lediglich das Überlappen zweier DO-Schleifen. *Vollständige* Schachtelungen (auch *DO-Nester* genannt) sind so aufgebaut, daß für die DO-Schleifen, wie sie in der Reihenfolge der Niederschrift der DO-Anweisungen eröffnet werden, gilt: Jede DO-Schleife ist vollständig in der vorhergehenden enthalten.

Beispiele für vollständige Schachtelungen:

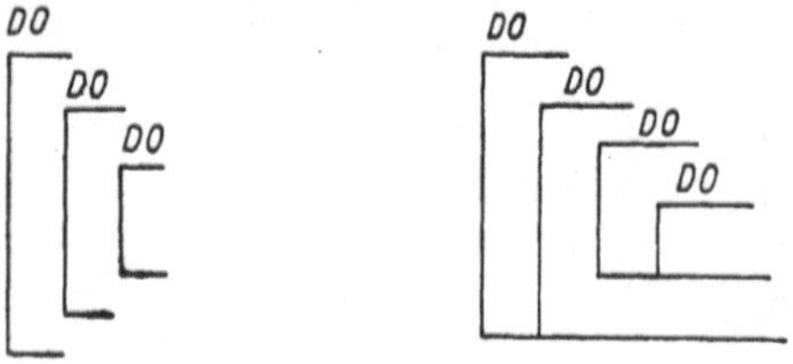

Beispiele für nicht vollständige Schachtelungen:

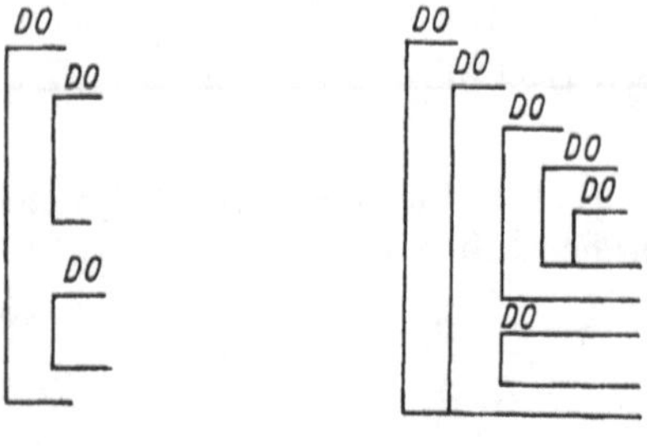

Geschachtelte DO-Schleifen müssen verschiedene Laufvariable haben. Die Programmierung von verschachtelten DO-Schleifen mit gemeinsamer letzter Anweisung ist möglich und der Programmierung mit entsprechend eingefügten CONTINUE-Anweisungen äquivalent:

Beispiel:

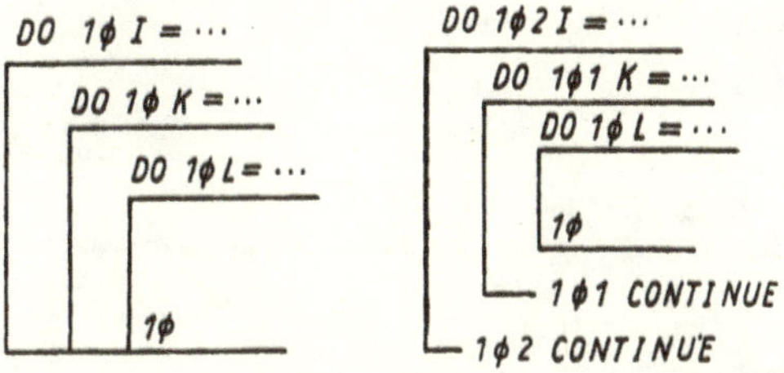

Dabei sei vorausgesetzt, daß die Marken 1Ø1 und 1Ø2 nicht bereits in der Programmeinheit vorkommen.

Die Abarbeitung einer Schachtelung geht aus Abschn. 6.6.3.1. hervor, indem dasselbe Schema erneut und gegebenenfalls mehrfach innerhalb von DO-Bereichen einzusetzen ist. Ein innerer DO-Bereich wird also i. a. öfter durchlaufen als jeder umfassende DO-Bereich.

Beispiele:

1. Addition zweier Matrizen: $A_{(m,n)} + B_{(m,n)} =: C_{(m,n)}$

```
  DO 1 I = 1,M
     DO 1 J = 1,N
1 C(I,J) = A(I,J)+B(I,J)
```

2. Multiplikation einer Matrix mit einem Vektor:

$$A_{(m,n)} \cdot B_{(n)} =: C_{(m)}$$

```
  DO 1 I = 1,M
  S = Ø.Ø
     DO 2 K = 1,N
2    S = S+A(I,K)*B(K)
1 C(I) = S
```

Die einfache Variable S wurde eingeführt, um die wiederholte Adressenrechnung für C(I) im K-Zyklus einzusparen.

3. Die Matrix A bestehe aus n Meßreihen (Spalten) zu je m Meßwerten. Zu berechnen sind die n Mittelwerte $w_k(k = 1(1)\,n)$ der Meßreihen. Enthält eine Meßreihe einen Wert $> 50{,}0$, so wird sie verworfen, d. h. für ihren Mittelwert 10^{10} gesetzt:

```
   DO 1 K = 1,N
   S = Ø.Ø
     DO 2 I = 1,M
     IF(A(I,K)-5Ø.Ø) 2,2,3
2    S = S+A(I,K)
   W(K) = S/M
   GOTO 1
3  W(K) = 1.E1Ø
1  CONTINUE
```

6.6.3.3. *Sprünge aus und in DO-Schleifen*

Eine DO-Schleife kann jederzeit durch einen Sprung verlassen werden. In einen DO-Bereich darf nur dann mit einer GOTO- oder IF-Anweisung hineingesprungen werden, wenn

1. dieser DO-Bereich innerster DO-Bereich einer vollständigen Schachtelung ist und
2. von diesem DO-Bereich aus vorher aus der gesamten Schachtelung herausgesprungen und dort irgendwelche Anweisungen abgearbeitet wurden (diese bezeichnet man auch als *erweiterten DO-Bereich*; ein solcher darf nicht seinerseits eine DO-Schleife mit erweitertem DO-Bereich enthalten) und
3. im erweiterten DO-Bereich weder die Laufvariable noch die Steuerparameter wertmäßig verändert werden.

Zu einer Anweisung, die letzte mehrerer DO-Schleifen ist, darf nur aus der innersten dieser Schleifen gesprungen werden.

Beispiele:

zulässig

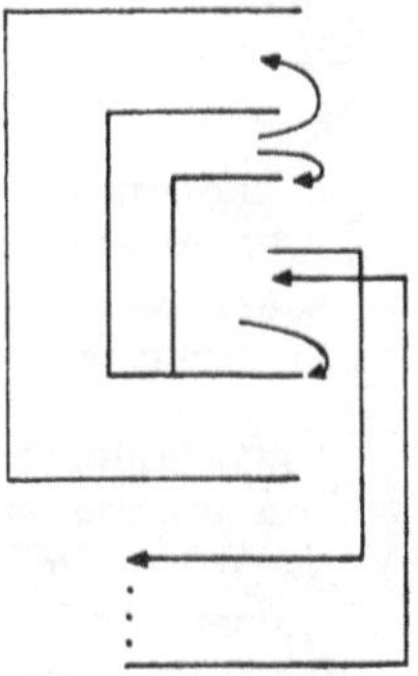

unzulässig

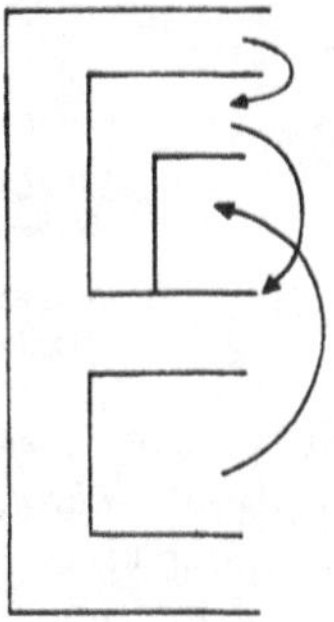

6.7. *Unterprogrammtechnik*

Ein *Unterprogramm* ist die Notationsform eines in sich abgeschlossenen (Teil-)Algorithmus mit einem bestimmten Mechanismus zur Übergabe der Parameter. Die Programmierung eines Algorithmus als Unterprogramm wählt man, um

a) Programmierarbeit einzusparen, indem ein Unterprogramm innerhalb eines Programms wiederholt mit entsprechenden Parametern abgearbeitet werden kann,
b) über die Programmbibliothek eine bequeme Nachnutzung auch in anderen Programmen zu ermöglichen,
c) ein größeres Programm zu strukturieren und damit übersichtlicher zu machen,
d) die Programmerprobung zu verkürzen, da Unterprogramme autonom übersetzt werden und somit auch einzeln getestet werden können.

Damit ist die Unterprogrammtechnik ein wichtiges Instrument zur Rationalisierung in der Programmierung.

Übersicht:

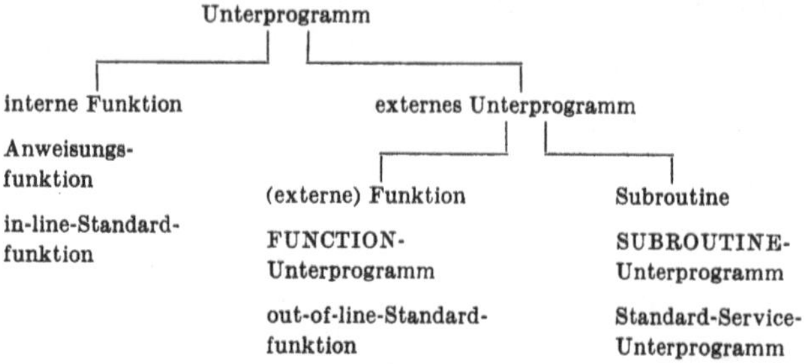

FORTRAN kennt zwei Arten von Unterprogrammen: *Funktionen* und *Subroutinen*. Aufgabe einer Funktion ist die Berechnung eines einzelnen (Funktions-)Wertes mit Hilfe eines oder mehrerer Parameter (Argumente). Der Aufruf einer Funktion erfolgt wie bei den bereits bekannten Standardfunktionen und ist syntaktisch ein Elementarausdruck. Eine Subroutine berechnet in der Regel mehrere Resultatwerte und hat i. a. Eingangs- und Resultatparameter. Der Aufruf erfolgt mit einer speziellen ausführbaren Anweisung (CALL-Anweisung).

Wir unterscheiden *interne* und *externe* Funktionen, je nachdem ob sie innerhalb der benutzenden Programmeinheit oder als selbständige Programmeinheit notiert werden. Interne Funktionen sind die Anweisungsfunktionen und die in-line-Standardfunktionen. Diese sind keine Unterprogramme im Sinn der Definition in Abschn. 6.1.3. Wir wollen daher den Begriff Unterprogramm stets im Sinn von externes Unterprogramm gebrauchen.

unterprogramm ::= funktion|subroutine.

In der Syntax, die stets Konstruktionen beschreibt, kommen die Standard-Unterprogramme nicht vor.

Wir haben die Definition eines Unterprogramms von seinem Aufruf deutlich zu unterscheiden. Bei der *Defi-*

nition werden die Parameter symbolisch durch sogenannte *formale Parameter* dargestellt. Beim *Aufruf* treten an deren Stelle die sogenannten *aktuellen Parameter*. Die formalen Parameter sind also reine Platzhalter, etwa „Planstellen“ vergleichbar. Es ist klar, daß die Liste der aktuellen Parameter u. a. in Anzahl, Typ und Reihenfolge der Liste der formalen Parameter entsprechen muß.

Die Möglichkeit der Parametervermittlung über den sogenannten COMMON-Speicherbereich, d. h. unter Umgehung der Parameterliste, wird in Abschn. 6.7.5. erläutert. Mit dem Aufruf eines Unterprogramms gibt die aufrufende Programmeinheit die Programmsteuerung an das Unterprogramm ab. Nach dessen Abarbeitung erfolgt mit Hilfe der RETURN-Anweisung die Rückkehr in die aufrufende Programmeinheit i. a. unmittelbar hinter die Aufrufstelle. Damit gibt das Unterprogramm auch die Programmsteuerung zurück. Aufrufe von Unterprogrammen können auch verschachtelt erfolgen. Der erste Aufruf eines Unterprogramms erfolgt im Hauptprogramm (vgl. Abschn. 6.1.3.), nach dem i. a. auch der letzte Rücksprung erfolgt. Bezüglich der Marken und Namen, mit Ausnahme der Namen von Unterprogrammen, sind die Programmeinheiten eines Programms in sich abgeschlossene Einheiten. Damit verkörpert derselbe Name in verschiedenen Programmeinheiten i. a. auch verschiedene Größen. Typ- und Felddefinitionen gelten nur in der jeweiligen Programmeinheit. Diese dynamischen Aspekte der Unterprogrammtechnik sind für das Verständnis der weiteren Darlegungen von grundsätzlicher Bedeutung.

6.7.1. Anweisungsfunktion

Eine *Anweisungsfunktion* dient der Berechnung eines Funktionswertes durch Auswertung eines Ausdrucks für gewisse Parameter. Sie wird daher auch *Formelfunktion* genannt. Als interne Funktion wird sie *innerhalb* einer

Programmeinheit definiert und ist auch nur in dieser Programmeinheit gültig (aktivierbar). Damit ist eine Anweisungsfunktion wesentlich spezieller als eine (externe) Funktion.

Syntax:
anweisungsfunktionsdefinition ::=
    anweisungsfunktionsname(formaler_parameter$^{,...}$) =
    einfacher_ausdruck
anweisungsfunktionsname ::= name
formaler_parameter ::= name
anweisungsfunktionsaufruf ::=
    anweisungsfunktionsname(aktueller_a_parameter$^{,...}$)
aktueller_a_parameter ::= ausdruck

Bezüglich weiterer Festlegungen sei auf [2] oder [23] verwiesen.

Beispiele für Definitionen:

```
1.        COSH(X)  =(EXP(X)+EXP(-X))*Ø.5
2. VOLUM(R1,R2)   =3.1416/3.Ø*H*(R1**2+R1*R2+R2**2)
3.   WERT(A,B,C)  =A*COSH(B+C)-3.2*B
```

Die Anweisungsfunktionsnamen und die formalen Parameter sind alle vom Typ REAL. WERT darf COSH nur benutzen, wenn COSH in der gleichen Programmeinheit vor WERT definiert wurde.

Beispiele für Aufrufe:

```
1. RMASSE=DICHTE*VOLUM(D1*Ø.5.4.75)
2.        X =U/WERT(VOLUM(A+B,A-B),C,B)
```

6.7.2. *Funktion*

Aufgabe ist wie bei der Anweisungsfunktion die Berechnung eines Funktionswertes. Der Rechenprozeß ist jetzt nicht mehr auf die Auswertung eines Ausdrucks beschränkt. Als Nebeneffekt können bei einer *Funktion* weitere Resultate (wertemäßig veränderte Eingangsparameter) erzeugt werden.

6.7.2.1. Definition

Syntax:

funktion ::= FUNCTION_unterprogramm ::=
FUNCTION_anweisung programmkörper END

FUNCTION_anweisung ::= [typ] FUNCTION funktionsname (formaler_parameter$^{,\dots}$)

funktionsname ::= formaler_parameter ::= name

Fehlt eine Typangabe, so ist der Typ des Funktionsnamens bzw. Funktionswertes vordefiniert. Ein formaler Parameter wird in einer Funktion entweder als

a) einfache Variable oder
b) Feldname oder
c) Funktionsname oder
d) Subroutinename

verwendet. Die formalen Parameter (kurz: FP) müssen voneinander und vom Funktionsnamen verschiedene Namen haben. Ein FP der Art a) bis c) hat einen Typ, der entweder vordefiniert oder mittels Typanweisung innerhalb des FUNCTION-Unterprogramms festzulegen ist. Ein FP der Art b) muß im Unterprogramm in einer Felddefinition mit festen Grenzen vereinbart werden. Näheres folgt im Abschn. 6.7.2.2. Ein FP darf nicht in einer EQUIVALENCE- oder COMMON-Anweisung des Unterprogramms stehen.

Dem Funktionsnamen muß im Programmkörper bei jedem möglichen Durchlauf mindestens einmal ein Wert zugewiesen werden, und zwar mittels Ergibtanweisung oder READ-Anweisung oder als Resultatparameter in einer aktuellen Parameterliste eines erneuten Aufrufs eines Unterprogramms. Der letzte vor dem Rücksprung in die aufrufende Programmeinheit zugewiesene Wert ist der *Funktionswert*.

Die Abarbeitung eines Unterprogramms beginnt mit der ersten ausführbaren Anweisung und endet mit der ersten jeweils erreichten

RETURN_anweisung ::= RETURN

Nach der Übermittlung des Funktionswertes an die aufrufende Programmeinheit wird die Berechnung des Ausdrucks fortgesetzt, der den Funktionsaufruf enthält.

Über den Funktionswert hinaus kann ein FUNCTION-Unterprogramm als „Nebeneffekt“ weitere Resultatwerte erzeugen, indem eine Variable und|oder ein Feld, deren Namen aktuelle Parameter sind, im Unterprogramm wertmäßig verändert werden können. Da die Speicherplätze dieser Größen vom Unterprogramm unabhängig sind, bleiben diese Veränderungen auch nach dem Rücksprung bestehen (bei Feldern) bzw. werden rückvermittelt (bei Variablen).

Erwähnt sei noch, daß ein Unterprogramm weder direkt noch indirekt sich selbst aufrufen darf, Rekursivität also nicht gestattet ist.

Beispiele für ein FUNCTION-Unterprogramm:

1. Es soll in Abhängigkeit von x und $k > 0$ der Wert

$$y = \begin{cases} \sqrt{k^2 - x^2} & \text{für} \quad |x| \leq k, \\ |x| - k & \text{für} \quad |x| > k \end{cases}$$

berechnet werden.

```
  FUNCTION Y(K,X)
  REAL K
  IF(ABS(X)-K)1,1,2
1 Y=SQRT(K*K-X*X)
  RETURN
2 Y=ABS(X)-K
  RETURN
  END
```

2. Zu berechnen sei der Mittelwert $m = \frac{1}{n} \sum_{i=1}^{n} a_i b_i$

```
  REAL FUNCTION RMITT (N,A,B)
  DIMENSION A(1ØØ), B(1ØØ)
```

```
  S=Ø.Ø
  DO 1 I=1,N
1 S=S+A(I)*B(I)
  RMITT=S/N
  RETURN
  END
```

Die Typangabe vor FUNCTION ist hier redundant. A und B stehen für Feldnamen und erfordern je eine Felddefinition mit festen Grenzen.

6.7.2.2. Aufruf

Syntax:

funktionsaufruf ::= funktionsname (aktueller_parameter$^{,\ldots}$)
aktueller_parameter ::= ausdruck|feldname|funktionsname|subroutinename

Die aktuellen Parameter (kurz: AP) müssen den formalen Parametern in Anzahl, Typ und Reihenfolge entsprechen. Folgende Zuordnungen sind möglich:

Nr.	aktueller Parameter	formaler Parameter in der Bedeutung	Informationsfluß
1.	Ausdruck (außer Variable)	einfache Variable	Wert →
2.	einfache Variable indizierte Variable		{[Wert →] [← Wert]}
3.	indizierte Variable Feldname	Feldname	Adresse → {[Werte →][← Werte]}
4.	Funktionsname	Funktionsname	Name →
5.	Subroutinename	Subroutinename	Name →

Die Richtung → bedeutet „ins Unterprogramm“, betrifft also *Eingangsparameter*, ← bedeutet „aus dem

Unterprogramm heraus", betrifft also *Resultatparameter*. Ein Parameter kann beides zugleich sein.

Diese jeweils für die Dauer der Abarbeitung des Unterprogramms gültigen Zuordnungen sollen kurz erläutert werden:

1. Der Wert des Ausdrucks wird berechnet und dem FP zugeordnet. Es handelt sich stets um einen Wertaufruf des Parameters, so daß dieser reiner Eingangsparameter ist und im Unterprogramm keinen Wert zugewiesen erhalten darf.
2. Bei einer indizierten Variablen als AP werden zunächst die Indexausdrücke berechnet. Wie bei 1. ist für den FP Speicherplatz reserviert. Der Wert des AP wird beim Funktionsaufruf dem FP zugewiesen. Bei Erreichen einer RETURN-Anweisung wird der letzte Wert des FP an den AP rückvermittelt. Ein solcher Parameter fungiert also als Eingangs- und Resultatparameter.

Beispiel:

```
FUNCTION G(X,Y,Z)
A=X*(Y+Z)
Z=A
Y=EXP(A)
G=A**2
RETURN
END
```

Hier sind X, Y Eingangsparameter, Y und Z Resultatparameter. Bei einem Aufruf

```
W=D-G(A,B,C)/2,5
```

müssen demnach A und B bereits einen Wert besitzen. Da die Werte von B und C im Unterprogramm verändert werden (Nebeneffekt!), verwendet man dieses Unterprogramm nur in solchen Ausdrücken, in denen B und C nicht nochmals benutzt werden. Denn B (wie auch C) kann in Abhängigkeit von der Berechnungsreihenfolge an verschiedenen Stellen im Ausdruck verschiedene Werte verkörpern.

Beispiel: W=B*C–G(A,B,C)/B

Hier würde B als Divisor bereits den veränderten Wert verkörpern.

3. Im Unterprogramm wird kein Speicherplatz reserviert, sondern der AP verkörpert für das Unterprogramm das erste Element (bzw. die Anfangsadresse) des aktuellen Feldes. Ist der AP eine indizierte Variable, so wird nur das Stück des Feldes erfaßt, das mit diesem Element beginnt. Dabei ist stets die festgelegte Reihenfolge der Feldelemente zu beachten. Der FP muß als Feld mit festen Grenzen im Unterprogramm vereinbart worden sein. Das aktuelle und formale Feld brauchen in Dimension und Indexgrenzen nicht übereinzustimmen. Die Zuordnung ist über beide Anfangselemente und die Speicherreihenfolge eindeutig. Bedingung ist lediglich, daß das formale Feld nicht größer als das aktuelle Feld oder Feldstück ist bzw. daß im Unterprogramm nur solche Feldelemente verarbeitet werden, die zum jeweiligen aktuellen Feld gehören. Das erfordert i. a. die Verwendung zusätzlicher Parameter als Indexgrenzen, die auch zur Programmierung der Speicherabbildungsfunktion bei unterschiedlichen Dimensionen benötigt werden.

Beispiel:

aktuelles Feld: DIMENSION A(1Ø,4)
formales Feld: DIMENSION B(4Ø)

a) aktueller Parameter: A
Der Zugriff zu A erfolgt im Unterprogramm eindimensional, wobei B(1), ..., B(4Ø) die Elemente von A spaltenweise fortlaufend erfassen.

b) aktueller Parameter: A(1,2)
Der zugeordnete Teil von A umfaßt jetzt die 30 Elemente A(1,2), ..., A(1Ø,4). Im Unterprogramm dür-

fen entsprechend auch nur B(1), ..., B(30) verwendet werden, was zweckmäßig über einen weiteren Parameter N mit dem aktuellen Wert 3∅ gesteuert wird.

4. und 5. In diesem Fall wird der Name des aktuellen Unterprogramms übermittelt. Dieser Name muß in der aufrufenden Programmeinheit als externer Name in einer

EXTERNAL_anweisung ::= EXTERNAL {funktionsname|subroutinename}$^{,...}$

aufgeführt werden. Diese gehört zu den nichtausführbaren Anweisungen. Wird hingegen ein Funktionsaufruf als aktueller Parameter benutzt, so muß der Funktionsname nicht in einer EXTERNAL-Anweisung stehen.

Beispiel:

```
C AUFRUFENDES PROGRAMM
  ...
  EXTERNAL F2, COS
  ...
  V=F1(A,B,F2)+F1(A,F3(A),COS)
C F1,F2,F3 SEIEN FUNKTIONSNAMEN, A UND B VA-
C RIABLE
C F3(A) IST EIN FUNKTIONSAUFRUF
  ...
  END
```

Ein FP kann bei einem verschachtelten Unterprogrammaufruf auch als AP fungieren. Daher muß ein FP stets von den Namen der externen Unterprogramme verschieden sein.

Es sei noch bemerkt, daß der Typ einer Funktion, falls er vom vordefinierten Typ abweicht, in jeder Programmeinheit, die diese Funktion aufruft, in einer Typanweisung definiert werden muß.

Beispiele für Funktionsaufrufe in Verbindung mit den Beispielen in Abschn. 6.7.2.1.:

```
1.      A=B*Y(2.8,W-1.Ø)/(Z-T)
2.      REAL MENGE(1ØØ), PREIS(1ØØ)
        READ(1,1Ø), N,(MENGE(I), PREIS(I), I=1,N)
   1Ø   FORMAT(...)
        ...
        KOSTEN=RMITT(N,MENGE,PREIS)*N
        ...
```

Im Funktionsaufruf könnte auch MENGE(1) bzw. PREIS(1) statt MENGE bzw. PREIS stehen.

6.7.3. *Subroutine*

Eine Subroutine, auch *Verfahrensunterprogramm* genannt, schreibt man, wenn es um eine allgemeinere Problemstellung als die Berechnung eines einzelnen (Funktions-)Wertes geht. Bei der Definition einer Subroutine gibt es nur wenige Unterschiede zur Funktion. Wir werden uns auf die Angabe der Abweichungen beschränken. Der Subroutineaufruf erfolgt mit einer speziellen Anweisung, im Unterschied zum Funktionsaufruf, der innerhalb eines Ausdrucks steht. Eine Subroutine hat i. a. Resultatparameter.

6.7.3.1. *Definition*

Syntax:

subroutine ::= SUBROUTINE_unterprogramm ::=
SUBROUTINE_anweisung programmkörper END

SUBROUTINE_anweisung ::= SUBROUTINE subroutinename [(formaler_parameter$^{\prime\prime\prime\prime}$)]

subroutinename ::= name

Der Abschn. 6.7.2.1 gilt sinngemäß auch für Subroutinen, aber mit den folgenden Änderungen und Ergänzungen:

1. Eine Subroutine kann ohne Parameterliste sein. Eine Parameterversorgung ist trotzdem über den COMMON-Bereich (s. Abschn. 6.7.5.) oder externe Speicher möglich. Eine parameterlose Subroutine ist sinnvoll, beispielsweise zur wiederholten Ausgabe bestimmter Zeichenketten zur Druckbildgestaltung.
2. Der Subroutinename besitzt keinen Typ und darf in keiner weiteren Anweisung des Unterprogramms vorkommen.
3. Eine Subroutine braucht keine RETURN-Anweisung zu enthalten oder bei der Abarbeitung zu erreichen. In diesem Fall wird nach der Abarbeitung der Subroutine das Programm beendet.
4. Der Rücksprung nach Erreichen einer RETURN-Anweisung erfolgt zur ersten ausführbaren Anweisung, die der CALL-Anweisung folgt.
5. Der Begriff Nebeneffekt ist bei Subroutinen gegenstandslos.

   Beispiel:

   Die Multiplikation Matrix * Vektor (vgl. Beispiel in Abschn. 6.6.3.2.) soll als Subroutine geschrieben werden:

```
  SUBROUTINE MAVEK (M,N,A,B,C)
  DIMENSION A(5Ø,5Ø), B(5Ø), C(5Ø)
  DO 1 I=1,M
  S=Ø.Ø
     DO 2 K=1,N
2    S=S+A(I,K)*B(K)
1 C(I)=S
  RETURN
  END
```

Diese Programmierung setzt voraus, daß auch in der aufrufenden Programmeinheit die Matrix mit den Indexgrenzen 5∅,5∅ vereinbart wurde. Das Unterprogramm wird flexibler, wenn die konstante Indexgrenze G für den ersten Index mit als Parameter aufgenommen wird:

```
  SUBROUTINE MAVEK1 (M,N,G,A,B,C)
  DIMENSION A(1), B(1), C(1)
  ...
  L=(K-1)*G+I
2 S=S+A(L)*B(K)
  ...
```

A wird jetzt als Vektor aufgefaßt. Das erfordert die Adressenrechnung für L. Statt der definierten Indexgrenzen 1 hätte auch jede andere p_g_k_o_v genommen werden können, da die Indexgrenze eindimensionaler Felder in Speicherabbildungsfunktionen nie auftritt.

6.7.3.2. *Aufruf*

Syntax:

CALL_anweisung ::= CALL subroutinename [(aktueller_parameter'...)]

Alle Festlegungen über die Parameter in Abschn. 6.7.2.2. gelten unverändert.

Beispiel: Die

SUBROUTINE KMULT (A,B,C,D,X,Y)

berechne den Realteil x und den Imaginärteil y des Produktes zweier komplexer Zahlen

$$(a + ib) \cdot (c + id) =: x + iy.$$

Wir wollen von

$$\frac{(a + ib) \cdot (c + id)}{p + iq} = \frac{(a + ib) \cdot (c + id) \cdot (p - iq)}{(p + iq) \cdot (p - iq)}$$

Real- und Imaginärteil berechnen und können programmieren:

```
...
CALL KMULT (A,B,C,D,X1,Y1)
CALL KMULT (X1,Y1,P,-Q,X2,Y2)
CALL KMULT (P,Q,P,-Q,X3,Y3)
X=X2/X3
Y=Y2/X3
...
```

6.7.4. *Standardfunktionen und Standardsubroutinen*

Standardfunktionen und *Standardsubroutinen* sind Bestandteil der Sprache, so daß eine Definition dieser Unterprogramme durch den Programmierer nicht erforderlich ist. Die Standardfunktionen sowie die Begriffe in-line und out-of-line wurden in Abschn. 6.3.2. erläutert. Eine *in-line-Standardfunktion* verliert mit der Übersetzung jeglichen Unterprogrammcharakter. Ihr Name kann nicht aktueller Parameter sein. *Out-of-line-Standardfunktionen* entsprechen FUNCTION-Unterprogrammen. Der Name einer solchen Standardfunktion kann daher aktueller Parameter sein.

Die bekannten mathematischen Standardfunktionen sind von der Art out-of-line, während Konvertierungsfunktionen z. B. zur Art in-line gehören. Die letzteren Unterprogramme sind sehr kurz, so daß ihre mehrfache Einfügung in ein Programm speichermäßig nicht ins Gewicht fällt.

Die im Betriebssystem DOS/ES zur Verfügung stehenden *Standard-Service-Unterprogramme* werden als Subroutinen mittels CALL-Anweisung aktiviert. Sie stellen Hilfsroutinen zur Feststellung von Fehlern, z. B. aufgetretener arithmetischer Unterbrechungen, und zum Einfahren von Programmen dar. Der Name eines Standard-Service-Unterprogramms kann aktueller Parameter sein. Einzelheiten sind den entsprechenden Systemunterlagen [23] zu entnehmen.

6.7.5. COMMON-Anweisung, COMMON-Bereich

COMMON-Anweisungen sind in ihrer Wirkung bezüglich verschiedener Programmeinheiten der Wirkung der EQUIVALENCE-Anweisung innerhalb einer Programmeinheit vergleichbar. COMMON-Anweisungen definieren einen für alle Programmeinheiten gemeinsamen Speicherbereich, den sogenannten COMMON-Bereich. Zu den Daten dieses Bereiches kann jede Programmeinheit unter eigenen, in einer oder mehreren COMMON-Anweisungen festzulegenden Namen zugreifen. Damit besteht die Möglichkeit der *impliziten Parameterübergabe.*

Der COMMON-Bereich bietet als Vorteile kurze Zugriffszeiten im Vergleich zur Parametervermittlung über die Parameterliste und die Einsparung von Speicherplatz durch Mehrfachnutzung. Allerdings eignen sich häufig nicht alle Parameter für diese Form der Übergabe, da sie starr hinsichtlich der Speicheradressen ist, was besonders beim Gebrauch von Bibliotheksunterprogrammen mit COMMON-Bereichnutzung erschwerend sein kann.

Syntax:

COMMON_anweisung ::= COMMON {einfache_variable|
feldname [(indexgrenzenliste)]}'''

Jede Programmeinheit kann im Vereinbarungsteil mehrere COMMON-Anweisungen enthalten. Diese sind in ihrer Wirkung einer COMMON-Anweisung äquivalent, deren Liste durch Aneinanderfügen der einzelnen Listen in der Reihenfolge ihres Auftretens entsteht. Diese COMMON-Liste definiert für ihre Programmeinheit den *COMMON-Bereich* als lückenlose Folge der aufgeführten Variablen. Dabei wird die Liste von links nach rechts ausgewertet. Felder werden in der üblichen Reihenfolge angeordnet. Die Angabe feldname (indexgrenzenliste) bedeutet gleichzeitig die Felddefinition. Zu beachten ist, daß DOUBLE-PRECISION-Größen an einer Doppelwortgrenze beginnen müssen. Man ordnet sie daher zweckmäßig zuerst im COMMON-Bereich an, da dieser selbst an einer Doppelwertgrenze beginnt. Läßt sich das nicht einrichten, so muß formal mit einer Variablen einfacher Genauigkeit zur Doppelwertgrenze aufgefüllt werden. Ob eine Programmeinheit den COMMON-Bereich benutzt und in welcher Länge, ist freigestellt. Wird er benutzt, so muß er jedenfalls von Anfang an bis zur gewünschten Stelle lückenlos definiert werden.

Die *Länge* des COMMON-Bereiches des Programms bestimmt die Programmeinheit mit der „längsten" COMMON-Liste.

Der COMMON-Bereich wird häufig in jeder Programmeinheit die gleiche Struktur haben, muß es aber nicht.

Formale Parameter dürfen nicht in einer COMMON-Liste stehen.

Beispiele:

1.
```
COMMON A,I
DIMENSION D(2,2)
COMMON D,X(3)
```

Diese Anweisungen mit den einfachen Variablen A,I definieren folgenden COMMON-Bereich:

A	I	D(1,1)	D(2,1)	D(1,2)	D(2,2)	X(1)	X(2)	X(3)

2. Hauptprogramm: COMMON MATR (3Ø,2Ø)

   Unterprogramm: COMMON MATR (3Ø,11), VEK (3Ø)

   Im Unterprogramm wird hier die 12. Spalte von MATR als VEK(3Ø) definiert. Wird im Unterprogramm nur VEK benötigt, so ist MATR(3Ø,11) nur eine notwendige formale Angabe.

3. Hauptprogramm: DOUBLE PRECISION C
   COMMON C, A(4)

   Unterprogramm 1: COMMON V(2),A,B

   Unterprogramm 2: COMMON R,S,T(6)

Belegung des COMMON-Bereichs:

Hauptprogramm	C		A(1)	A(2)	A(3)	A(4)		
Unterprogramm 1	V(1)	V(2)	A	B				
Unterprogramm 2	R	S	T(1)	T(2)	T(3)	T(4)	T(5)	T(6)

Eine COMMON-Variable darf in einer EQUIVALENCE-Anweisung stehen. Dadurch dürfen keine Widersprüche hervorgerufen werden. Insbesondere können nicht zwei verschiedene COMMON-Variable durch eine EQUIVALENCE-Anweisung einander entsprechen. Eine EQUIVALENCE-Anweisung darf aber durch eine indizierte Variable zu einer *Erweiterung* des COMMON-Bereiches nach „rechts“ führen. Eine Erweiterung nach „links“ ist unzulässig.

Beispiel:
```
DIMENSION F(3), A(4)
COMMON F, WERT
EQUIVALENCE (F(3), A(1))
```

Der durch COMMON F, WERT zunächst definierte Bereich mit 4 Speichereinheiten (Wörtern) wird auf 6 Speichereinheiten nach rechts“ erweitert:

ursprünglicher Bereich	F(1)	F(2)	F(3)	WERT		
erweiterter Bereich	F(1)	F(2)	A(1)	A(2)	A(3)	A(4)

Damit sprechen F(3) und A(1) sowie WERT und A(2) je die gleiche Speichereinheit an.
Fehlerhaft wäre z. B.: EQUIVALENCE (F(1), A(3))

6.7.6. *Beispiel*

Wir wollen die folgende Aufgabe lösen. Zu berechnen ist die Summe

$$S := p^T{}_{(m)} \cdot A_{(m,n)} \cdot e_{(n)}$$

der Materialkosten eines Produktionsprogramms mit den gegebenen Größen:

e_j zu produzierende Menge des j-ten Erzeugnisses ($j = 1(1)\,n$)

$a_{i,j}$ erforderliche Menge an i-tem Material zur Herstellung einer Mengeneinheit des j-ten Erzeugnisses ($i = 1(1)m$, $j = 1(1)n$)

p_i Preis (in M) einer Mengeneinheit des i-ten Materials ($i = 1(1)\,m$)

Die $a_{i,j}$ bilden die Matrix A, die e_j bzw. p_i den Spaltenvektor e bzw. Zeilenvektor p^T. Die Mengeneinheiten können von Material zu Material und Erzeugnis zu Erzeugnis andere sein. Rechenfolge:

1. $r := A \cdot e$, 2. $S := p^T \cdot r$.

Die Teilaufgaben Matrix mal Vektor und Vektor mal Vektor (Skalarprodukt) sollen als Unterprogramme geschrieben werden.

Es soll nur Speicherplatz für die Matrix A und einen Vektor in Anspruch genommen werden. Vorausgesetzt sei: $m \leqq 50$, $n \leqq 50$.

Lösung: Der letzten Forderung wird entsprochen, indem p erst nach der Verarbeitung von e und auf dessen Speicherplatz eingelesen wird. Den Zwischenergebnisvektor r legen wir in der 1. Spalte von A ab, da nach Verarbeitung der i-ten Zeile von A insbesondere $a_{i,1}$ nicht mehr benötigt wird. Diese Nacheinandernutzung der Speicherplätze erreichen wir mit einer EQUIVALENCE-Anweisung.

Speicherbelegung:

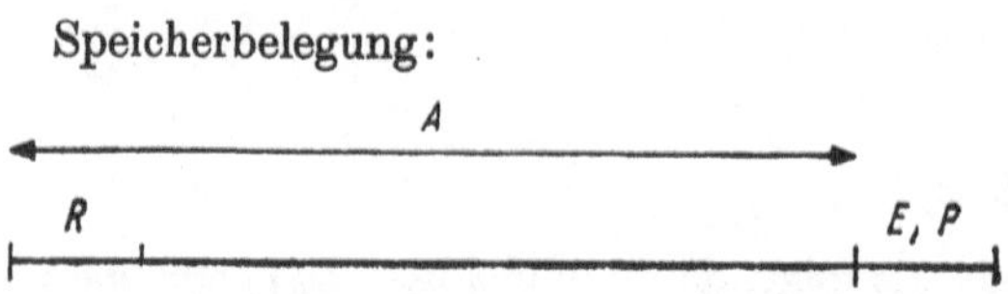

FORTRAN-Programm mit Parametervermittlung (außer m und n) über den COMMON-Bereich:

```
C HAUPTPROGRAMM MATERIALKOSTEN
      COMMON A(5Ø,5Ø), E(5Ø)
      DIMENSION P(5Ø)
      EQUIVALENCE (E(1),P(1))
```

```
      READ (1,1Ø) M,N,((A(I,J),J=1,N),I=1,M)
1Ø    FORMAT (2I2/(1ØF8.2))
      READ (1,2Ø) (E(J),J=1,N)
2Ø    FORMAT (1ØF8.2)
      CALL MAVEKC(M,N)
      READ (1,2Ø) (P(I),I=1,N)
      S = PRODC(M)
      WRITE (3,3Ø) S
3Ø    FORMAT ('ØMATERIALKOSTEN:b', F12.2,
      'bMARK')
      STOP
      END
C UNTERPROGRAMM MAVEKC
      SUBROUTINE MAVEKC(M,N)
      COMMON A(5Ø,5Ø), B(5Ø)
      DIMENSION C(5Ø)
      EQUIVALENCE (A(1),C(1))
      DO 1 I = 1,M
      S = Ø.Ø
          DO 2 K = 1,N
2         S = S + A(I,K)*B(K)
1     C(I) = S
      RETURN
      END
C UNTERPROGRAMM PRODC
      FUNCTION PRODC(N)
      COMMON A(5Ø), C(5Ø,49), B(5Ø)
C C(5Ø,49) STEHT ALS FORMALE ANGABE, AUCH
C A(25ØØ) WAERE STATT A(5Ø),C(5Ø,49) MOEGLICH
      S = Ø.Ø
      DO 1 I = 1,N
1     S = S + A(I)*B(I)
      PRODC = S
      RETURN
      END
```

7. Einblick in die theoretischen Grundlagen von Programmiersprachen

Nachdem die Datenverarbeitung in der Anfangszeit vorwiegend praktisch betrieben wurde, steht heute auch verstärkt die theoretische Fundierung im Vordergrund. Dabei kommt ein umfangreicher mathematisch-logischer Apparat zum Einsatz, z. B. Aussagen- und Prädikatenlogik, Mengenlehre und Automatentheorie. Die Entwicklung begann mit der formalen Definition von Programmiersprachen und umfaßt heute das Gesamtgebiet der Datenverarbeitung, ohne schon überall praktisch verwertbare Ergebnisse zu liefern. Hier soll ein kurzer Einblick in die theoretische Behandlung von Programmiersprachen und ihrer Übersetzung gegeben werden.

7.1. *Definition von Programmiersprachen*

Als künstlich geschaffene Sprachen haben Programmiersprachen einen Aufbau nach strengen Regeln. Eine Programmiersprache dient der Vereinfachung der Programmierung und ist zugleich Instrument zur Formulierung von Algorithmen. Sie besitzt demnach einen ausgeprägt *operativen* Charakter. Die Struktur einer Programmiersprache wird von ihrem Einsatzzweck und der Forderung der möglichst leichten automatischen Übersetzbarkeit bestimmt.

Wir stellen einige Grundbegriffe zusammen:

Das *Alphabet* Σ einer Sprache ist eine endliche Menge verschiedener Zeichen, *Basiszeichen* oder *Grundsymbole* genannt, aus denen sich die Konstruktionen der Sprache aufbauen. Diese bestehen letztlich aus der Aneinanderfügung von Zeichen. Wir sprechen daher auch von einer *Zeichenkette* oder einem *Satz* der Sprache. Die Anzahl der Zeichen einer Kette heißt Länge der Kette. Sowohl die

Anweisungen und *Vereinbarungen* einer Programmiersprache, als auch ein gesamtes *Programm* können daher als Sätze über Σ aufgefaßt werden.

Die Gesamtheit aller Zeichenketten über Σ bezeichnen wir mit Σ^*. Unter der *Verkettung* xy zweier Zeichenketten x und y verstehen wir die Zeichenkette, die durch Anfügen von y rechts an x entsteht. Mit der (assoziativen) Operation Verkettung können wir Σ^* auch als sogenannte *freie Halbgruppe* über Σ auffassen. Schließlich führen wir noch die Begriffe *leere Zeichenkette* ε für eine Kette, die aus keinem Element besteht (Länge Null), und *Teil* einer Zeichenkette ein.

In mathematischer Schreibweise:

$$\Sigma = \{z_1, z_2, \ldots, z_p\},$$

$$\left.\begin{array}{ll} x = x_1x_2 \cdots x_n & \text{mit} \quad x_i \in \Sigma \\ y = y_1y_2 \cdots y_m & \text{mit} \quad y_j \in \Sigma \end{array}\right\} xy = x_1 \ldots x_n y_1 \ldots y_m,$$

$$\Sigma^* = \{x_1x_2 \cdots x_n \mid x_i \in \Sigma, n \geqq 0 \text{ ganzzahlig}\},$$

$$x\varepsilon = \varepsilon x = x.$$

x heißt *Teil* von y, falls gilt $y = y_1xy_2$ mit $y_1, x, y_2 \in \Sigma^*$.

Wir können nun definieren: Eine *formale Sprache* ist eine Teilmenge $L \subseteq \Sigma^*$.

Die Gesamtheit der Regeln, die L innerhalb von Σ^* auszeichnen, bildet die sogenannte *Syntax* der Sprache. Bei Programmiersprachen definiert man die Syntax mit Hilfe einer *kontextfreien* formalen Sprache (formalisierter Teil der Syntax) und weiterer verbal gegebener Kontextbedingungen.

Die Syntax beschreibt die Konstruktion von Sätzen (Programmen) rein formal (symbolisch, grammatisch).

Die mit einem Satz bzw. seinen Zeichen verbundene Bedeutung, d. h. die Aktionen, die er bei seiner Realisierung auf einer DVA auslöst — etwa welche Resultatwerte er zu vorgegebenen Eingabewerten erzeugt —, muß zusätzlich festgelegt werden. Das ist Aufgabe der *Semantik*. Dabei wird auf die Zurückführung als elementar anzusehender Operationen auf Zeichenkettenmanipulationen, die *Pragmatik* einer Sprache, nicht eingegangen. Zur Erleichterung für den Lernenden werden viele Details der Semantik durch Benutzung solcher Zeichen bzw. Zeichenfolgen ausgedrückt, mit denen der Mensch intuitiv eine inhaltliche Vorstellung verbindet (*semantische Interpretation*). Beispielsweise assoziiert ein Semikolon eine Trennung, das Zeichen + eine Addition und das Schlüsselwort GOTO einen Sprung in der Abarbeitung.

Eine Programmiersprache stellt die Einheit aus ihrer Syntax und Semantik dar.

Die Beschreibung der Semantik erfolgt auch heute noch nahezu ausschließlich verbal. Die endgültige Bedeutung von Sprachelementen ist daher letztlich in gewissem Umfang von der Implementation der Sprache (dem Compiler) abhängig. Gegenwärtig werden zahlreiche Forschungen mit dem Ziel einer möglichst weitgehenden Formalisierung der Semantik moderner Programmiersprachen betrieben.

7.2. Formale Sprachen

Die Definition formaler Sprachen erfolgt mit einem System von Regeln, wir sprechen auch von einer *generativen* oder *Regelgrammatik*. Grundlegende Arbeiten hierzu stammen von CHOMSKY (vgl. Lit. in [5]), so daß man auch von CHOMSKY-*Grammatiken* spricht.

Zum Alphabet Σ der Basiszeichen tritt das Alphabet Φ der *Metavariablen* hinzu, die Begriffe zum Aufbau der Sprache verkörpern. Wir bezeichnen $\Gamma = \Sigma \cup \Phi$ auch als *Gesamtalphabet*. Weiterhin sei R eine endliche Menge von *Regeln* oder *Produktionen*, geschrieben als (u, v) mit $u \in \Gamma^* - \Sigma^*$ (damit enthält u mindestens eine Metavariable) und $v \in \Gamma^* - \{\varepsilon\}$. Eine solche *Substitutionsregel* ermöglicht die Ersetzung einer Zeichenkette u, die auch in einer anderen Zeichenkette y als Teil vorkommen kann, durch die Zeichenkette v:

$$y = y_1 u y_2 \to y^{(1)} = y_1 v y_2 .$$

Kann auf $y^{(1)}$ erneut eine Regel angewandt werden, erhalten wir die Zeichenkette $y^{(2)}$ usf. Wir sprechen von einer Folge *einfacher Ableitungen*

$$y \to y^{(1)} \to y^{(2)} \to \cdots \to y^{(i)}$$

bzw. den *Ableitungen*

$$y \xrightarrow{*} y^{(j)} \qquad (j = 1(1)\, i).$$

Eine solche Folge bricht ab, wenn $y^{(i)}$ keine Teilkette u enthält, die in einer Regel (u, v) vorkommt.

Eine *Grammatik* umfaßt außer Φ, Σ und R noch eine ausgezeichnete Metavariable $S \in \Phi$, verkörpert also ein Quadrupel

$$G = (\Phi, \Sigma, S, R).$$

Die Metavariable S wird auch als *Startvariable* bezeichnet. Die Auszeichnung von S dient zur Definition einer zur Grammatik G gehörigen *Sprache* $L(G)$

$$L(G) = \{x \mid S \xrightarrow{*} x \quad \text{und} \quad x \in \Sigma^*\}.$$

$L(G)$ umfaßt also alle Ableitungen von S, die nur noch aus Basiszeichen bestehen.

Beispiel:

$$G_1 = (\{D, F, I, Z, V\}, \{\emptyset, 1, +, -, .\}, D, \{(D, VF), (D, F), (F, I), (F, I.I), (F, I.), (F, .I), (I, Z), (I, IZ), (Z, \emptyset), (Z, 1), (V, +), (V, -)\})$$

Spezielle Ableitung:

$$D \to VF \to -F \to -I.I \to .IZ.I \to .ZZ.I \to .ZZ.Z \to -1Z.Z \to -1\emptyset.Z \to -1\emptyset.1$$

Es ist leicht zu sehen, daß L die Gesamtheit aller Dualzahlen mit oder ohne Vorzeichen sowie mit oder ohne Dualpunkt in beliebiger Position verkörpert.

Die definierte Klasse von Grammatiken ist noch sehr allgemein. Sie eignet sich so nicht für Programmiersprachen. Durch gewisse Einschränkungen hat CHOMSKY neben dem obigen *Typ 0* die Typen 1 bis 3 definiert:

Typ-1- oder *kontextabhängige Grammatiken:* Alle Regeln müssen die Form (y_1Ay_2, y_1ty_2) haben, mit $A \in \Phi$, $y_1, y_2 \in \Gamma^*$, $t \in \Gamma^* - \{\varepsilon\}$. Damit darf A nur in der Nachbarschaft von y_1 und y_2 (im Kontext von y_1 und y_2) durch t ersetzt werden.

Typ-2- oder *kontextfreie Grammatiken:* Hier muß für Regeln (u, v) gelten, daß $u \in \Phi$, also Metavariable ist, und $v \in \Gamma^* - \{\varepsilon\}$. Die Ersetzung von u ist an keinen Kontext gebunden.

Typ-3-Grammatiken: Es muß gelten $u \in \Phi$ und $v = x$ oder $v = xB$ mit $x \in \Sigma^*$ und $B \in \Phi$.

Wenn wir die Menge aller Sprachen vom Typ i mit $L^{(i)}$ bezeichnen ($i = 0, 1, 2, 3$), dann gilt die Hierarchie

$$L^{(0)} \supset L^{(1)} \supset L^{(2)} \supset L^{(3)}.$$

Für Programmiersprachen wurden bisher nur kontextfreie Grammatiken benutzt. Bei Grammatiken vom Typ 0 ist nicht allgemein *entscheidbar*, ob eine beliebige Kette $x \in \Sigma^*$ zur Sprache gehört oder nicht. Für die Typen 1, 2, 3 ist die Entscheidbarkeit gegeben. Der Typ 3 hat kaum praktische Bedeutung, da er nur sehr einfache Strukturen der Sprache zuläßt. Der Typ 1 hingegen verkörpert schwer überschaubare Sprachen, die aufwendige Analysealgorithmen erfordern.

Die Ableitung einer Endkonstruktion $x \in \Sigma^*$ gemäß $S \xrightarrow{*} x$ kann man mit Hilfe des sogenannten *Syntaxbaumes* graphisch darstellen. Der Syntaxbaum verdeutlicht die Struktur des Satzes, die ihm durch die Grammatik aufgeprägt wird.

Beispiel: $G_2 = (\{S\},\{a,b\},S,\{(S,SS),(S,a),(S,b)\})$.

Wir betrachten die Ableitungen

$$S \rightarrow SS \rightarrow aS \rightarrow aSS \rightarrow abS \rightarrow aba$$

$$S \rightarrow SS \rightarrow Sa \rightarrow SSa \rightarrow Sba \rightarrow aba$$

mit den Syntaxbäumen:

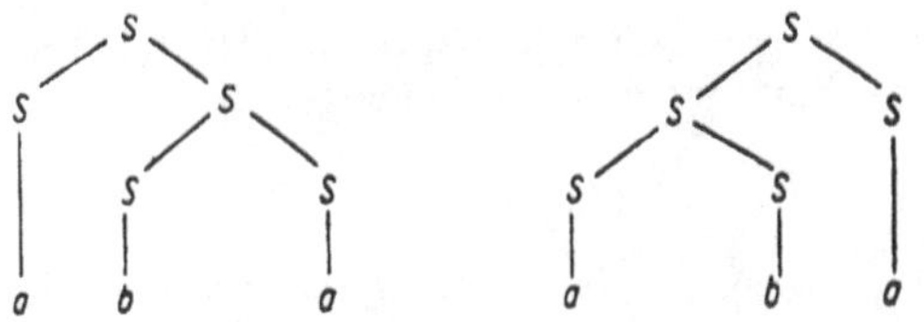

Dieses Beispiel verdeutlicht, daß gleiche Enderzeugungen verschiedene Strukturbäume haben können. Eine kontextfreie Grammatik heißt *eindeutig*, wenn jeder Satz genau einen Strukturbaum besitzt. Allgemein ist unentscheidbar, ob eine kontextfreie Grammatik eindeutig ist.

Eng mit formalen Sprachen sind die *abstrakten Automaten* verbunden. Eine Darstellung dieser Zusammenhänge findet man in [17,5].

7.3. Notationsformen der Syntax kontextfreier Programmiersprachen

Für den praktischen Gebrauch ist die obige Form der Definition einer Grammatik nicht zweckmäßig. Insbesondere bei der i. a. großen Anzahl von Produktionsregeln macht sich eine Verdichtung erforderlich.

Für die Darstellung kontextfreier Grammatiken wurde von Backus eine *Metasprache* vorgeschlagen und erstmals bei der Definition von ALGOL 60 [18] angewendet. Diese auch Backus*sche Normalform* (BNF) genannte

Metasprache hat folgende Definition:

1. Eine Metavariable besteht aus einer frei wählbaren Bezeichnung, eingeschlossen in *spitze Klammern*, z. B. ⟨Ziffer⟩.
2. Eine Regel (B, v) wird mit Hilfe des *metasprachlichen Ergibtzeichens* ::= und unter Beachtung von 1 geschrieben als

$$B ::= v$$

3. Verschiedene Regeln (B, v_1), (B, v_2), …, (B, v_n) mit gleicher linker Seite werden zusammengefaßt zu

$$B ::= v_1 \,|v_2|\, \cdots \,|\, v_n$$

Beispiel: Das Regelsystem der Grammatik G_1 lautet in BNF:

⟨Dualzahl⟩ ::= ⟨Vorzeichen⟩ ⟨vorzeichenlose Dualzahl⟩
⟨vorzeichenlose Dualzahl⟩ ::= ⟨Ziffernfolge⟩|
⟨Ziffernfolge⟩ · ⟨Ziffernfolge⟩
⟨Ziffernfolge⟩ · | · ⟨Ziffernfolge⟩
⟨Ziffernfolge⟩ ::= ⟨Dualziffer⟩ |⟨Ziffernfolge⟩ ⟨Dualziffer⟩
⟨Dualziffer⟩ ::= Ø|1
⟨Vorzeichen⟩ ::= +|−

wobei für D ⟨Dualzahl⟩, F ⟨vorzeichenlose Dualzahl⟩, I ⟨Ziffernfolge⟩, Z ⟨Dualziffer⟩ und V ⟨Vorzeichen⟩ geschrieben wurde.

Eine weitere Möglichkeit der Syntaxnotation ist die sogenannte *Syntaxkarte* (s. Abb. 7-1, vgl. auch [14]). Die im Regelsystem niedergelegten Beziehungen werden graphisch in einer baumartigen Form dargestellt. Einfache Ableitungen werden vertikal angeordnet, Alternativen horizontal. Mitunter lassen sich mehrere Alternativen mit gemeinsamen Bestandteilen zusammenfassen (vgl. die Darstellung von ⟨vorzeichenlose Dualzahl⟩). Ebenso können einseitig rekursive Definitionen wie z. B. bei ⟨Ziffernfolge⟩ durch Zyklen dargestellt werden. Metavariable werden in Kästchen, Grundsymbole in Kreisen dargestellt. Die „Wurzeln“ des Baumes müssen sämtlich Grundsymbole tragen.

Die sogenannte *erweiterte* Backussche *Normalform* zur Darstellung einer Grammatik wurde bereits bei FORTRAN im Abschn. 6.1.2. besprochen. Mit dieser gelingt eine weitere Straffung der Syntaxnotation.

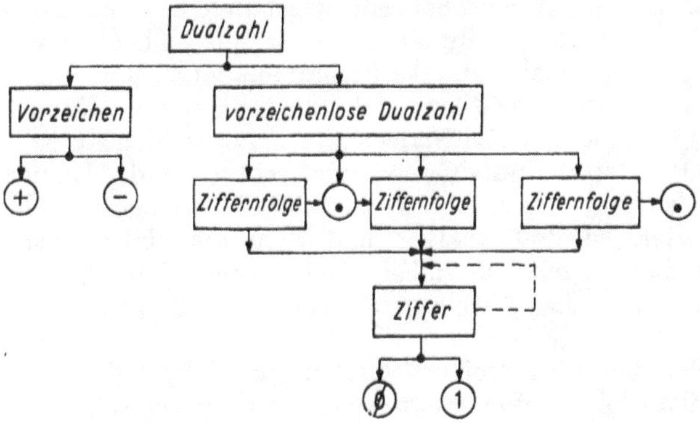

Abb. 7-1. Syntaxkarte

7.4. Bemerkungen zur automatischen Übersetzung

Programmiersprachen als symbolische Sprachen bedürfen der Übersetzung (vgl. Abschn. 4.1.2.), wobei die Zielsprache die Maschinensprache sein kann oder irgendeine andere ihrerseits zu übersetzende Sprache wie z. B. die Assemblersprache. Die Hauptaufgaben der Übersetzung sind

1. die *lexikalische Analyse*,
2. die *syntaktische Analyse*,
3. die *Zielprogrammerzeugung*,
4. die *Zielprogrammoptimierung*,
5. die *Einfahrunterstützung*.

Die lexikalische Analyse untersucht die Mikrostruktur des Quellprogramms und bewirkt eine Verdichtung. Inhalt der syntaktischen Analyse ist die Aufstellung des Syntaxbaumes des vorliegenden Quellprogramms, also die Untersuchung der Makrostruktur. Entsprechend den erkannten syntaktischen Einheiten und gewisser Kontextforderungen wird der Zielcode aufgebaut. Eine Zielprogrammoptimierung ist prinzipiell nicht erforderlich, aber wünschenswert. Schließlich gehören u. a. zur Einfahrunterstützung Protokolle über die Übersetzung, festgestellte Fehler und die Programmabarbeitung.

Es ist offensichtlich, daß die genannten Hauptaufgaben nicht nacheinander abgearbeitet werden können, sondern stark miteinander verflochten sind. Häufig werden die Aufgaben 1, 2, 3, 5 parallel zueinander bearbeitet, so daß Analyse und Synthese einhergehen. Schließlich müssen dabei auch bereits Informationen für die Zielprogrammoptimierung gesammelt werden.

Es sollen noch einige Bemerkungen zur syntaktischen Analyse folgen. Wir unterscheiden hier zwei verschiedene Strategien, um zu einem vorliegenden Satz $x \in \Sigma^*$ und einer Grammatik $G = (\Phi, \Sigma, S, R)$ eine Ableitung $S \xrightarrow{*} x$ und damit den Syntaxbaum von x zu finden.

Es handelt sich um die *top-down-* und die *bottom-up-Analyse*. Das erste bedeutet wörtlich „vom Kopf abwärts", das zweite „vom Fuß aufwärts". Die top-down-Strategie versucht, ausgehend von S, eine Ableitung $S \xrightarrow{*} x$ als Folge einfacher Ableitungen zu finden. Grundsätzlich wird stets versucht, die am weitesten links stehende Metavariable zu ersetzen, d. h. eine sogenannte *kanonische Ableitung* von x zu erhalten. Da für Ersetzungen im allgemeinen mehrere Regeln (mit gleicher linker Seite) in Frage kommen, muß man irgendeine wählen. Die Fortsetzung der Analyse zeigt dann, ob dieser Schritt richtig war oder in eine sogenannte *Sackgasse* geführt hat. Es bleibt dann i. a. nichts anderes übrig, als eine einfache Ableitung rückgängig zu machen und mit der Wahl einer anderen Regel erneut die Analyse zu versuchen. Das Rückgängigmachen von einfachen Ableitungen kann sich über mehrere Stufen erstrecken.

Beispiel [5]: $G_3 = (\{S\}, \{a,b,c\}, S, \{(S,ac),(S,aSc),(S,bS),(S,b)\})$
Es soll der Satz *ababbcc* analysiert werden:

$S \to ac$
$\quad \to aSc \to aacc$
$\qquad \to aaScc$
$\qquad \to abSc \to abacc$
$\qquad\quad \to abaScc \to abaaccc$
$\qquad\qquad \to abaaSccc$
$\qquad\qquad \to ababScc \to abababccc$
$\qquad\qquad\quad \to ababaSccc$
$\qquad\qquad\quad \to ababbScc$ } Sackgassen
$\qquad\qquad\quad \to ababbcc$ Ende

Erzeugung: $S \to aSc \to abSc \to abaScc \to ababScc \to ababbcc$

Bei der bottom-up-Strategie wird umgekehrt von x ausgegangen. Ziel ist die Ermittlung einer *Analyse* $x \overset{*}{\longmapsto} S$ als Folge *einfacher Analysen* (Symbol $\longmapsto$). Dabei wird wiederum stets mit der Ersetzung der am weitesten links stehenden Teilkette (*Phrase*) begonnen, die auch als rechte Seite einer Regel auftritt. Man spricht von *kanonischer Analyse*. Auch bei der bottom-up-Strategie können Sackgassen auftreten.

Obiges Beispiel mit bottom-up-Analyse:

$ababbcc \longmapsto aSabbcc \longmapsto aSaSbcc \longmapsto aSaSScc$
$\qquad\qquad \longmapsto aSabScc \longmapsto aSaScc \longmapsto aSSc$ } Sackgassen
$\quad \longmapsto abaSbcc \longmapsto abaSScc$
$\quad \longmapsto ababScc \longmapsto abaScc \longmapsto abSc \longmapsto aSc \longmapsto S$

Bei der Schaffung spezieller Übersetzer bemüht man sich, *sackgassenfreie Algorithmen* zu finden, um die Zahl erfolgloser Ableitungs- bzw. Analyseschritte möglichst niedrig zu halten.

Literatur

Autorenkollektiv: Programmierung und Nutzung von Rechenanlagen Verlag der Wirtschaft Berlin 1974 und 1975.

[1] Teil 1: Programmablauf, Aufbau und Wirkungsweise von EDVA,

[2] Teil 3: FORTRAN,

[3] Teil 5: Voraussetzungen für die Anwendung der EDV,

[4] BACHMANN, K.-H.: Die Programmierungssprachen PASCAL und ALGOL 68, Akademie-Verlag, Berlin 1976.

[5] BACHMANN, P.: Compilertechnik, Schriftenreihe Informationsverarbeitung, BSB B. G. Teubner Verlagsgesellschaft Leipzig 1975.

[6] BAUER, F. L., und GOOS, G.: Informatik, Teil 1 u. 2, Springer-Verlag, Berlin—Heidelberg—New York 1971.

[7] BREYER, H.-I., und LANG, K.: Aufbau von Dateien, Schriftenreihe Datenverarbeitung, Verlag Die Wirtschaft, Berlin 1974.

[8] DDR-Standard Informationsverarbeitung, Datenfluß- und Programmablaufpläne — Sinnbilder, TGL 22451, 1976.

[9] DWORATSCHEK, S.: Einführung in die Datenverarbeitung, 4. Aufl., Verlag W. de Gruyter, Berlin—New York 1971.

[10] Ingenieurtaschenbuch Bauwesen, Bd. V, Teil 1 — Mathematik und Rechentechnik, BSB B. G. Teubner Verlagsgesellschaft, Leipzig 1972.

[11] KERN, L., OBER, K., und SCHUMANN, J.: ESER-Programmierung im Betriebssystem DOS/ES, Bd. 140—143, Reihe Automatisierungstechnik, Verlag Technik, Berlin 1973.

[12] KERNER, I. O.: Numerische Mathematik und Rechentechnik. Teil 2/2, BSB B. G. Teubner Verlagsgesellschaft, Leipzig 1973.

[13] KITOW, I. A.: Programmierung und Bearbeitung großer Informationsmengen. BSB B. G. Teubner Verlagsgesellschaft, Leipzig 1972.

[14] LEIDHOLD, H.-P.: ALGOL 60 – Zwei neue Syntax-Karten, Zeitschrift rechentechnik/datenverarbeitung **10** (1973), H. 7.
[15] LUTZ, T.: Informationssysteme und Datenbanken. IBM-Nachrichten, Stuttgart, **23** (1973) H. 215–218.
[16] MERKEL, G.: Stand und Perspektiven in Entwicklung und Nutzung der Rechentechnik in der DDR. Tagungs-Hauptvortrag, Dresden 1975.
[17] MAURER, H.: Theoretische Grundlagen der Programmiersprachen. Bibliographisches Institut, Mannheim 1969.
[18] Revidierter Bericht über die algorithmische Sprache ALGOL 60. Akademie-Verlag, Berlin 1966.
[19] PAULIN, G.: Kleines Lexikon der Rechentechnik und Datenverarbeitung. Reihe Automatisierungstechnik **52**, Verlag Technik, Berlin 1971.
[20] POLZE, C.: Mehrfachzugriff-Time-sharing-Dialogbetrieb. Reihe Automatisierungstechnik **163**, Verlag Technik, Berlin 1974.
[21] REYHER, M.: Basis-FORTRAN im System DOS/ES, Schriftenreihe Informationsverarbeitung, Verlag Die Wirtschaft, Berlin 1974.

VEB Kombinat Robotron: Systemunterlagendokumentationen MOS-OS/ES:
[22] Systemsteuer- und Systemserviceprogramme, 1974.
[23] FORTRAN, Sprachbeschreibung, 1974.
[24] FORTRAN, Hinweise für die Arbeit mit dem Plattenbetriebssystem, 1974.

[25] SCHUCHMANN, H. R.: Strukturierte Programmierung – ein pragmatischer Ansatz für eine umfassende Software-Technologie, Elektronische Rechenanlagen, R. Oldenbourg, München (1975) H. 1.
[26] SEIDEL, G., und WIEDEMUTH, D.: ESER Funktionsprinzipien des Einheitlichen Systems der Elektronischen Rechentechnik, Schriftenreihe Informationsverarbeitung, Verlag die Wirtschaft Berlin 1975.
[27] SIEBER, N., SEBASTIAN, H.-J., und ZEIDLER, G.: Grundlagen der Mathematik, Abbildungen, Funktionen, Folgen; Mathematik für Ingenieure, Naturwissenschaftler, Ökonomen, Landwirte, 2. Aufl., BSB B. G. Teubner Verlagsgesellschaft, Leipzig 1976.
[28] WEDEKIND, H.: Datenorganisation, Verlag W. de Gruyter, Berlin 1970.

[29] WIRTH, N.: Systematisches Programmieren, Studienbücher Informatik, B. G. Teubner, Stuttgart 1972.

[30] ZUSE, K.: Über den Plankalkül. Elektronische Rechenanlagen 1, R. Oldenbourg, München u. Wien 1959.

Zeitschrift rechentechnik/datenverarbeitung, Verlag Die Wirtschaft, Berlin:

[31] Problemorientierte Systemunterlagen im DOS/ES, 1. Beiheft 1972.

[32] Problemorientierte Programmiersprachen für R 21, 3. Beiheft 1972.

[33] ESER-Geräte, 1. Beiheft 1974.

[34] Problemorientierte Systemunterlagen in OS/ES. 1. Beiheft 1975.

[35] Beiträge zur Programmiertechnik, 2. Beiheft 1975.

[36] Digitalgrafik-Bildverarbeitung, 4. Beiheft 1975.

[37] Methodologie der Programmierung, 2. Beiheft 1976.

[38] CARL, D.: Zur Architektur von Systemen, in [35].

[39] GARBE, K., und HEYNITZ, P.-C.: Probleme des Aufbaus eines Datenbanksystems bei der Projektierung integrierter Systeme der automatisierten Informationsverarbeitung. 8 (1971) H. 2 u. 3.

[40] HERRLICH, O.: Methoden der strukturierten Programmierung, in [37].

[41] KIESEWETTER, H.: Übersicht über Einsatzmöglichkeiten des DIGRA 73-Systems, in [36].

[42] LANG, K.: Der virtuelle Speicher, 13 (1976) H. 3.

[43] LEHMANN, N. J.: Probleme der Spezialsprachen und das Fachsprachensystem DEPOT, in [35].

[44] LEHMANN, N. J., und STILLER, G.: Einige methodische Aspekte der Entwicklung und Nutzung höherer Programmiersprachen, in [37].

[45] OELSCHLEGEL, E.-A.: Einführung in die Programmiersprache RPG, in [32].

[46] POLZE, C., und GRÜTZNER, R.: Das Mehrfachzugriffsystem MS und seine Benutzung am Bildschirmterminal, in [35].

[47] TEICH, V., VOIGT, R., und WERLER, K.-H.: Digitalgrafik — ein Arbeitsgebiet in der elektronischen Datenverarbeitung, in [36].

Sachwortverzeichnis

Vorbemerkung: Kleingeschriebene Begriffe stellen FORTRAN-Metabegriffe dar

Die Autoren

- erläutern die geschichtliche Entwicklung der Datenverarbeitung und beschreiben den Aufbau und die Arbeitsweise von Datenverarbeitungsanlagen, wobei sie die Modelle der 2. und 3. Generation zugrundelegen

- geben eine Übersicht der wichtigsten Systemunterlagen

- gehen auf Betriebssysteme, Jobverarbeitung und Datenaufbau ein

- behandeln die Programmierung und befassen sich ausführlich mit der Programmiersprache FORTRAN

WISSENSCHAFTLICHE TASCHENBÜCHER